白鳳の御代から衆人に見守られてきた薬師寺東塔

　薬師寺は天武《てんむ》天皇九年（六八〇）に天武天皇により発願され、持統《じとう》天皇十一年（六九七）七月二十九日、持統天皇（天武帝の后《きさき》）によってご本尊の薬師三尊像が開眼《かいげん》された勅願寺です。しかし千三百年の長い歴史の間には、二度（平安時代・天禄四年〈九七三〉、戦国時代・享禄元年〈一五二八〉）の大火災があり、東塔を残し、ほとんどの堂塔や宝物が焼失致しました。そのため、ご本尊を祀《まつ》る金堂《こんどう》は、四百五十年間も仮堂のままでございました。幸い機縁熟し、昭和四十三年（一九六八）から高田好胤《こういん》管長の提唱によって、般若心経《はんにゃしんぎょう》のお写経勧進《かんじん》が始められ、約八百七十万巻のご結縁により、金堂・西塔・中門・回廊・大講堂等の復興が成り、新しく玄奘《げんじょう》三蔵院伽藍を創建することができました。今日もなお東塔の解体修理等、白鳳伽藍復興に向け精進致しております。

　昭和五十五年（一九八〇）九月、オーストリアの音楽家をお連れするので私に案内をしてほしいとの依頼があり、約束の日に南大門の前で出迎えさせて頂きました。

「正面にある建物が金堂で、右に東塔、左に西塔が建てられています。金堂と西塔は四百五十年前の火災で焼失してしまい、金堂は昭和五十一年、西塔は再建されたばかりで、昭和五十六年春、落慶式を行います。その中で、東塔は創建以来一度も災害に見舞われることなく、千三百年前に建てられたそのままです。裳階《もこし》という庇《ひさし》の屋根が付いていてリズム感があり、唯一、白鳳時代の建築です。明治時代に訪れたアメリカ人のフェノロサは、東塔を見て各層にとりつく裳階屋根と大屋根が重なる特異な姿と、塔上の水煙《すいえん》に舞う飛天《ひてん》の流麗さから、音楽が一瞬に凍ったようで『凍れる音楽』と讃《たた》えてくれました」と説明しました。するとそのお方は「私はアメリカ人のフェノロサという人は知りません。でもフェノロサが東塔の姿を見て『凍れる音楽』と表現したならば、今このように千三百年前の白鳳時代の姿に復元された金堂や西塔の姿と、千三百年という途方もない命を永らえてきた東塔、この三つの堂塔の前に初めて立って、私は『白鳳の三重奏』であると感じました」と感想を述べて下さいました。そのときさすがに音楽家であると感じ入りましたが、そのお方がウィーン・フィルハーモニー管弦楽団のカール・ベーム名誉指揮者であることは、後になって知りました。

白鳳時代以来、風雪に耐えながら千三百年の歴史を生き抜いてきた東塔も、心柱《しんばしら》の腐食、軒《のき》の垂下、不同沈下による傾き等損傷が著しいため、平成二十年（二〇〇八）七月から文化庁指導の下、全面的な解体修理に着手致しました。

さて、東塔は佛教の教えの元となる釈迦信仰を伝えるものであり、お釈迦様の叡智を祖師先住より引き継ぎ、より良い形で後世に継承していくことは、昭和・平成・令和の世に命を頂いている私たちの使命です。このたびの解体修理は単なる塔の延命ではなく、貴重な日本人の宝を次の千年に引き継いでいく大事業であることから、お写経によるご縁を頂いている皆様の支えを大いなる力として、一山が一丸となって最後まで気持ちを引き締めて作業を進め完遂させることができました。

さらに薬師寺の使命は、佛法を広め人びとの心を豊かにすることはもちろんのこと、芸術美を後世に継承することも重要であると考えています。

薬師寺を発願された天武天皇は、芸能や技術を奨励されました。『日本書紀』に「天武四年（六七五）二月九日、大倭《やまと》・河内《かわち》・摂津《せっつ》・山背《やましろ》・播磨《はりま》・淡路《あわじ》・丹波《たんば》・但馬《たじま》・近江《おうみ》・若狭《わかさ》・伊勢《いせ》・美濃《みの》・尾張《おわり》らの国に勅して、『管内の人民で歌の上手な男女、侏儒《しゅじゅ》、伎人《ぎじん》（俳優）を選んでたてまつれ』といわれた。そして四月二十三日、種々の才芸ある者を選んで禄物《ろくもつ》を賜った。さらに天武十四年（六八五）九月十五日この日詔《みことのり》して、『およそすべての歌男・歌女・笛を吹く者は、自分の技術を子孫に伝え、歌や笛に習熟させよ』といわれた」とあります。

今回の解体修理に際し、基壇を発掘調査した結果、版築《はんちく》工法による創建当初の基壇が良好に残されていることが確認されました。

発掘調査の折に取り出した創建基壇土の一部は、元に戻すことが不可能で、残土として廃棄することになりました。捨ててしまえばただの土となってしまいます。白鳳時代より繋《つな》いできた土の命を、さらに千年先まで何かの形で伝えることは出来ないかと考えていました。そこで薬師寺にご縁のある陶芸家の先生方に、陶芸によって新たな命を創造させることは出来ませんかとご相談しましたところ、このたび、基壇土を水と火の和合によって高い精神性と芸術性をもつ見事な作品として命を蘇らせて下さいました。木材のみにこだわらず、塔を千三百年間支えてきた基壇土までも未来に命を繋ぐことが出来ました。誠に尊いことと感慨を新たにしています。

佛教の教えの中に、「土石《どしゃく》転じて金銀《こんごん》と成る」という言葉があります。捨てられてしまえば基壇土としての命がなくなり産業廃棄物となってしまいますが、薬師寺にご縁を頂いている陶芸家諸先生の伝統技術と感性によって、平成の御代に、永遠の命を工芸作品として蘇らせて頂きました。

白鳳時代に天武天皇や持統天皇の芸能や技術を奨励された精神は、建築物の解体修理のみならず平成の至宝として引き継がれ、ご佛前を荘厳するとともに、末永く継承されることでありましょう。千三百年という悠久の時の流れに思いを馳せ、清新かつ高潔で優美な芸術文化の輝きに感動を感じずにはいられません。諸先生の熱意と物造りとしての姿勢、そして白鳳の命の融合を叶えて下さいました精神性は、正に佛教精神の真髄であると敬意を表するものです。このたびの東塔解体修理に始まる一連の事業は単なる塔の延命ではなく、貴重な日本人の宝を次の千年に引き継いでいく大事業であることから、責任をもって千年先の未来に襷《たすき》を渡す使命があると確信しています。

令和三年一月

法相宗大本山　薬師寺管主　加藤朝胤

目次

装幀・本文デザイン　加藤光太郎デザイン事務所
本文組版　岩谷 徹
図版作成　鳥元真生

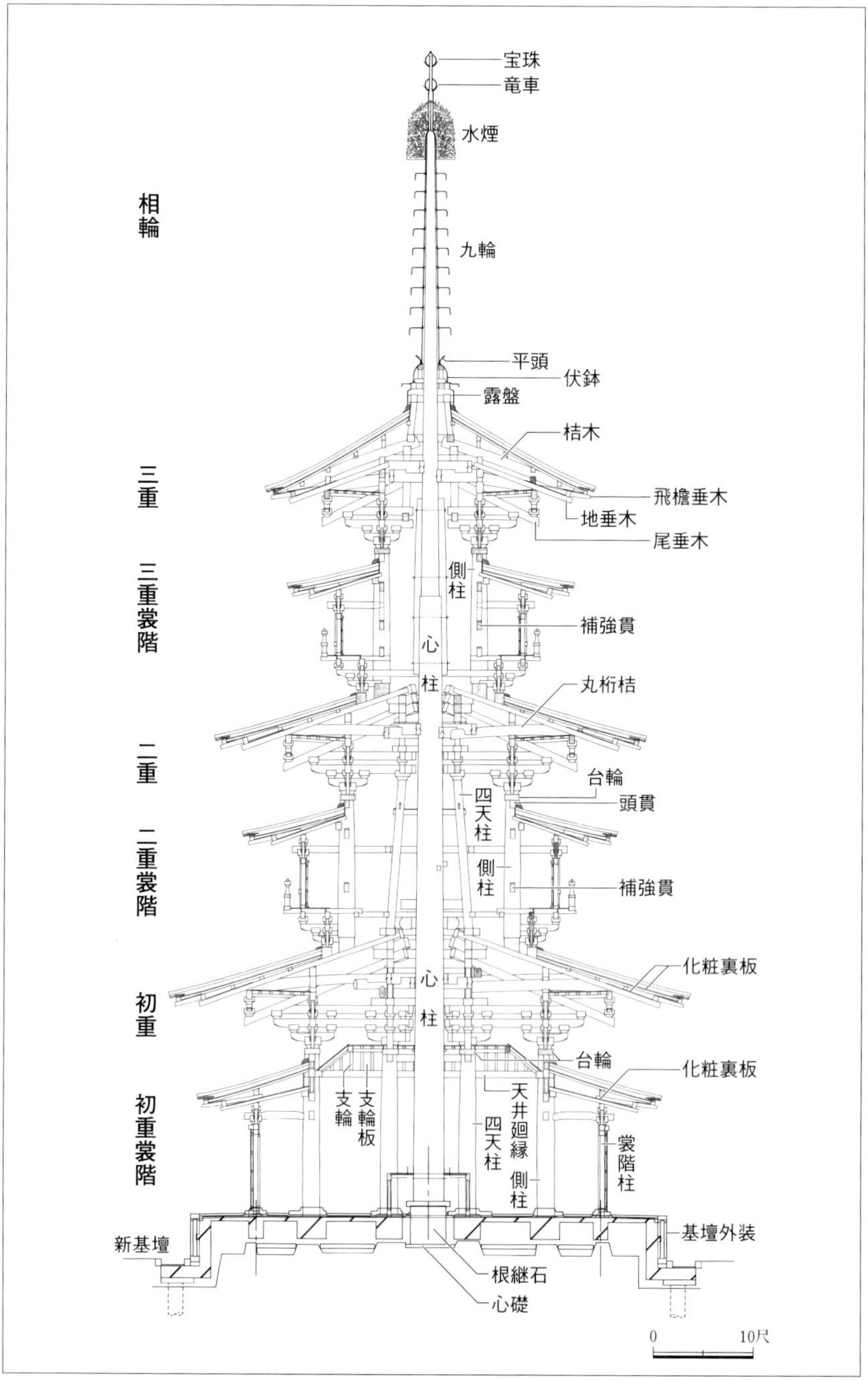

東塔断面図（修理後、薬師寺提供）

第一章　一三〇〇年の歩みと今

皇后の病気平癒を祈願

今から一三四〇年前、天武《てんむ》天皇九（六八〇）年のこと。皇后（後の持統《じとう》天皇）がにわかに病気となりました。心配した天武天皇（?〜六八六）は、寺を建てて快復を祈ることにしました。一〇〇人の僧侶を得度《とくど》させたほど、懸命の祈りだったそうです。

　この本の主人公である東塔にも、最上部にある相輪《そうりん》の擦《さつ》管《かん》に刻まれた銘文の序にそのいきさつが書かれています。

> （天武）天皇が即位して八年、皇后が病気になったので寺を建て始めたが、完成を待たず亡くなったので、太上天皇（持統）が遺志を継いで完成させた。

　場所は、持統天皇八（六九四）年完成の日本で初めて造られた本格的都城《とじょう》、藤原京の中心部そばにありました。現在の奈良県橿原市城殿町《きどのちょう》あたりです。中央に金堂《こんどう》と講堂《こうどう》があり、金堂の前には東西二基の塔が立っていて、それらを囲む回廊《かいろう》がめぐらされたそうです。

　歴史研究者によれば、いつ造られたのかという記録が残る古代寺院は少なく、その意味でも薬師寺は特異な存在なのだそうです。

　二つの塔をもつ寺は日本では薬師寺が最初で、それだけ

図1-2
橋本凝胤和上
（1897～1978）

図1-3
高田好胤和上
（1924～1998）

図1-4 白鳳伽藍復興を指揮した西岡常一棟梁
（1908～1995）

薬師寺被災略年表

天禄4（973）年	食殿（十字廊）から火が出て、講堂や僧坊、四面回廊、中門、南大門などを焼失
永祚元（989）年	大風で金堂の上層が倒壊
永長元（1096）年	地震で回廊損傷
正平16（1361）年	南海トラフ沿いで発生したといわれる大地震で、金堂の上層が傾き、塔の九輪（最上部の装飾）が一基は落下、一基は傾く
文安2（1445）年	大風で金堂と南大門が倒れる
永正13（1516）年	兵火で西室など焼失
享禄元（1528）年	兵火で金堂、講堂、西塔などを失う
天文8（1539）年	大風で諸堂が破損
宝永4（1707）年	地震で金堂や塔など破損
安政元（1854）年	地震で東院堂が破損

図 1-1 奈良時代の薬師寺境内図（東京国立博物館特別展図録『国宝薬師寺展』2008 をもとに作成）

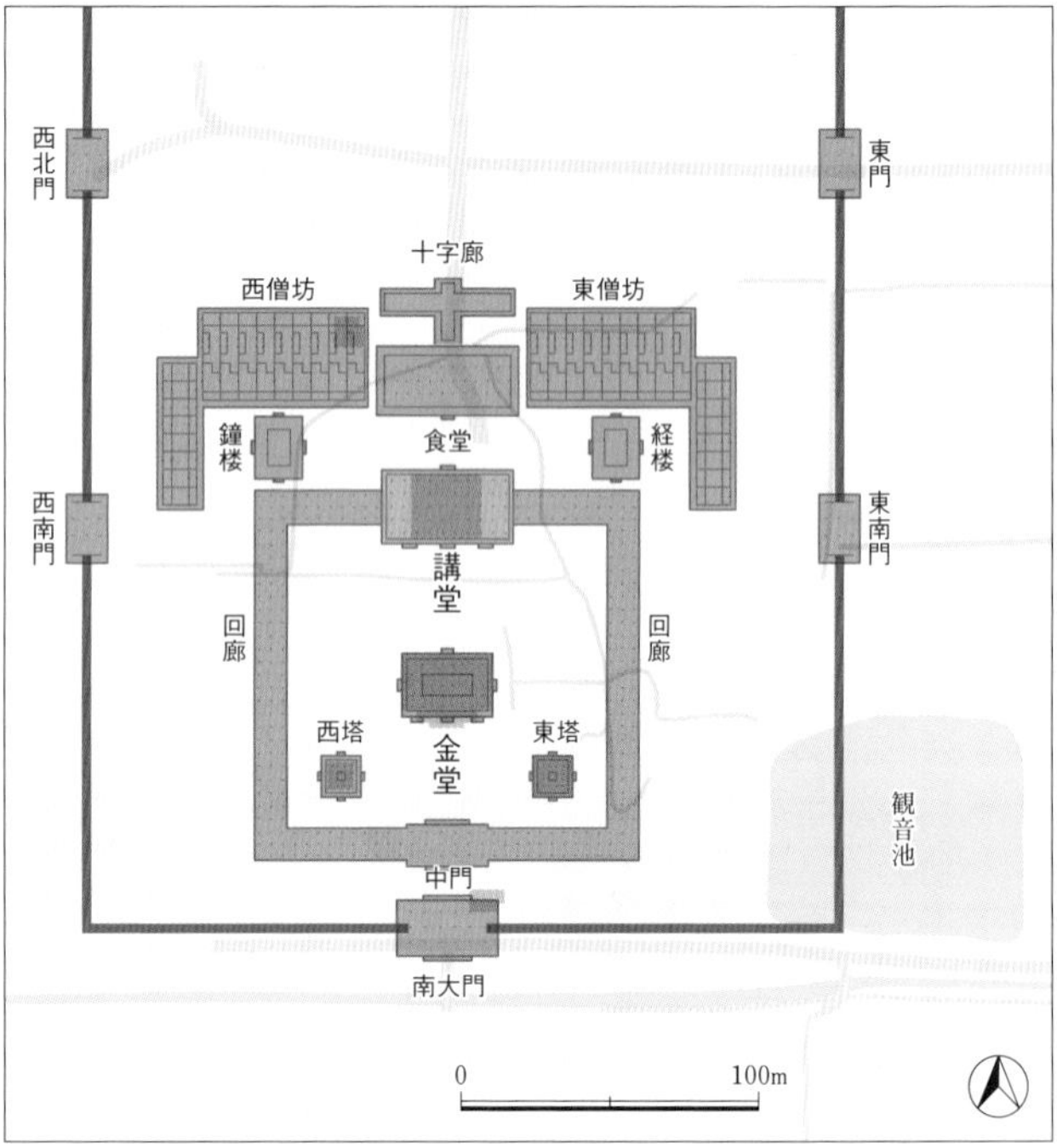

図1-5　現在の薬師寺境内

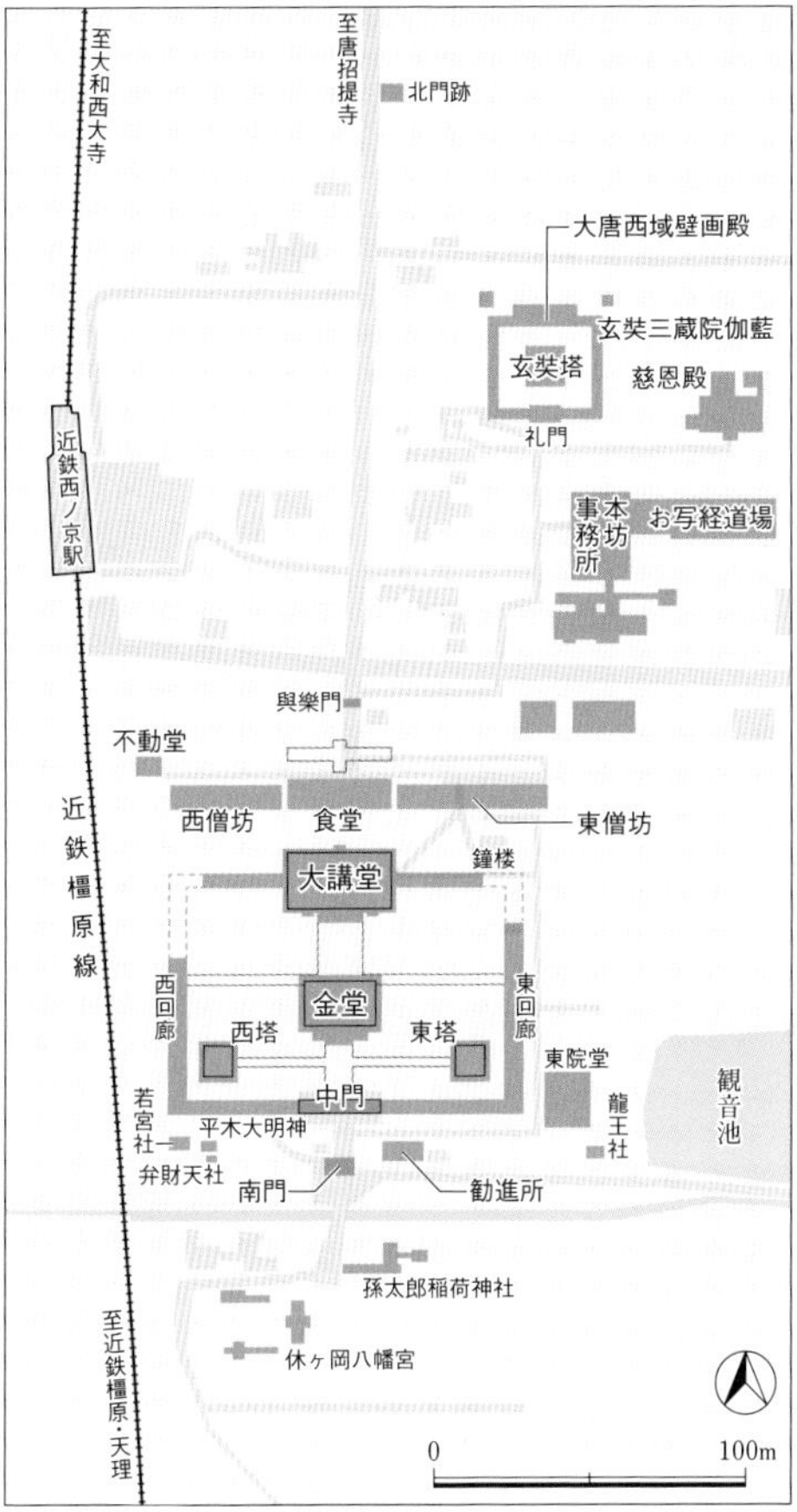

薬師寺のおもな堂宇と寺宝

堂宇	建立再建年、尊像造像年など	備考
金堂	昭和51（1976）年再建	二重造で上層にお写経を安置する
	薬師三尊像（国宝、7世紀末～8世紀初めごろ、銅造）	薬師如来坐像（高さ255センチ）、日光・月光両菩薩（高さ317、315センチ）
	薬師如来台座（国宝、7世紀末～8世紀初めごろ、銅造）	高さ150センチ。葡萄唐草文様や半裸の力神像、四神（青竜、朱雀、白虎、玄武）などを刻む
	吉祥天女画像（国宝、宝亀3〈772〉年、麻布著色）	
大講堂	平成15（2003）年再建	
	弥勒三尊像（重文、奈良時代、銅造）	詳しい制作時期などは不明
	仏足石（国宝、天平勝宝5〈753〉年、石造）	釈迦の足跡の文様を刻む
	仏足跡歌碑（国宝）	
	釈迦十大弟子像（平成15年）	中村晋也氏作
西塔	昭和56（1981）年再建	初層に釈迦八相像（中村晋也氏作）を安置
東院堂	国宝、弘安8（1285）年再建	南向きだったが、享保18（1733）年に西向きに変更
	聖観音菩薩像（国宝、白鳳時代、銅造）	金堂の薬師三尊と並ぶ古代銅造仏像の傑作
	四天王像（重文、永仁4〈1296〉年、木造）	正応2（1289）年に造像、7年後に彩色が施された
休ヶ岡八幡宮	重文、慶長8（1603）年建立	9世紀末に大分宇佐から勧請された薬師寺の鎮守
	八幡三神像（国宝、平安時代）	僧形八幡、神功皇后、仲津姫命の木彫
玄奘三蔵院伽藍	平成3（1991）年建立	昭和17（1942）年に中国で発見され、さいたま市の寺院にもたらされた玄奘三蔵の遺骨とされる骨が分骨され、ここに安置されている。平成12年平山郁夫作「大唐西域壁画」が奉納された
	玄奘三蔵像	大川逞一氏作
食堂	平成29年再建	
	阿弥陀三尊浄土図	田渕俊夫氏作、縦横6メートルの大作

図1-6　昭和51年再建の金堂と同56年再建の西塔（2017年撮影）

でも創建された天武天皇の意気込みが感じられます。古代寺院には「一塔一金堂」（四天王寺・法隆寺）、「一塔二金堂」（川原寺）など、さまざまな伽藍《がらん》配置がありますが、薬師寺は二つの塔を金堂とともに回廊で囲んでいますので、塔を相当に重視したことがうかがえます。

『続日本紀』によれば、寺院の造成がほぼ終わったのは文《もん》武《む》天皇二（六九八）年ですから、天武、持統、文武天皇（六八三〜七〇七）と三代の天皇にわたり、発願《ほつがん》から一八年がかりの工事でした。

さて、持統天皇（六四五〜七〇三）が亡くなった後の和銅三（七一〇）年、都は藤原京から平城京へ移ります。北へ約二〇キロ、今の奈良市、一部は大和郡山市にあたります。

政治や経済の機能、人が移ると、藤原京にあったいくつもの寺も移転することになりました。飛鳥四大寺（飛鳥寺、大官大寺、薬師寺、川原寺）といわれた高い格の寺院の中では、飛鳥寺が元興寺《がんごうじ》、大官大寺が大安寺となって移っています。

薬師寺の場合、養老二（七一八）年に伽藍を移したと、寺の縁起に記されています。平安時代の『扶桑略記《ふそうりゃくき》』によると、東塔は天平二（七三〇）年に建てられました。

平城京の薬師寺は、藤原京の時代よりも充実した伽藍【図1-1】をもっていました。南側の中門と北側の講堂を回廊で結び、その間に金堂と東西両塔が立ちます。講堂の北側には、経典を納める経楼《きょうろう》、鐘をつく鐘楼《しょうろう》、僧侶が住む東西二つの僧坊、食事や修行の場となる食堂《じきどう》が置かれました。

回廊は連子窓の両側に通路を設ける複廊という、格上の造りでした。寺院では平城京の薬師寺と興福寺が複廊を設けた最初だといわれます。

度重なる災害にも東塔は残った

どれほどしっかりした寺でも、災害を避けることはできません。興福寺は主要伽藍が七回焼失していますし、東大寺も源平の合戦や戦国の動乱で大仏殿が二度火災に遭うなど大きな痛手を受けています。

薬師寺も、さまざまな記録を総合すると、一〇ページの表のようになります。

特に天禄四（九七三）年の火災と享禄元（一五二八）年の兵火は影響が大きく、多くの建物や古記録が失われました。現在、創建のころから残る建物は東塔だけなのですが、それもこうした災害のためです。被害があるたびに建物の修理や建て直しが進められるものの、経済的な負担は重く、伽藍は次第に荒れていきました。

お写経勧進で復興

再興を強く願ったのが、明治三八（一九〇五）年に法隆寺で僧侶となり、昭和一四（一九三九）年から薬師寺の管主を務めた橋本凝胤《ぎょういん》さん（一八九七〜一九七八［図1-2］）でした。その弟子、高田好胤《こういん》さん（一九二四〜一九九八［図1-3］）が思いを受け継ぎ、般若心経《はんにゃしんぎょう》一巻を一〇〇〇円（現在は二〇〇〇円）でお写経してもらう「お写経勧進《かんじん》」で、復興の浄財を募りました。お写経によって仏縁を結び、それを復興の糧にするという、かつてない試みです。

高田さんは「仏心の種まき」と寺の内外での説法を積極的に続け、賛同者を増やしていきました。そうしてお写経勧進は次第に知られていき、金堂、西塔、僧坊、中門、玄《げん》奘三蔵《じょうさんぞう》院伽藍、大講堂、食堂と、往時をしのばせる見事な建物がつぎつぎに建てられました。法隆寺の昭和大修理にも携わった棟梁、西岡常一《つねかず》さん（一九〇八〜一九九五［図1-4］）が金堂や西塔に腕を振るい、台湾から巨大な檜材を取り寄せるなど、それは壮大な取り組みです。

現在の薬師寺にある堂宇《どうう》や寺宝を概観すると一一ページの図1-5、表のようになります。

古代から現代まで多彩な建物、寺宝を有する寺ということがわかります。

薬師寺の境内で出会う僧侶の方々は、とても元気です。高田好胤さんが始めた境内での説法は、金堂や僧坊で今も続いています。特に、修学旅行生を前にしてのお話は、爆笑の連続です。

一枚の写真を掲げてこう、問われます。

「この塔は何重の塔でしょうか？」

「五重？」「六重？」

いろんな声が飛び交います。

この塔はたしかに不思議な姿をしています。普通、三重塔は屋根が三つ、五重塔は屋根が五つ。下から上へと屋根が小さくなっていく、四角錐《すい》の形です。それなのに、薬師寺東塔は六つの屋根があり、それが大きくなったり小さくなったりしながら、上へと伸びていきます。

じつは三重塔で、それぞれの階の屋根の下に「裳階《もこし》」という飾り屋根がついているのです。そのおかげで、人の腰がくびれるのに似たようなリズム感が生まれました。「凍《こお》れる音楽」という別名があるのも、うなずけます。

この呼び方はかつて、明治時代に奈良や京都の社寺文化財を調査した米国人、アーネスト・フェノロサ（一八五三〜一九〇八）が薬師寺東塔に与えたものだといわれていました。しかし、近年はこれを疑う見方もあり、欧州で建築物一般に対していわれたとも考えられています。

塔の最上部にある銅製の装飾、水煙《すいえん》も魅力の一つでしょ

図1-7　平成15年再建の大講堂（2017年撮影）

図1-9　平成29年に再建された食堂内部。中央は田渕俊夫氏作「阿弥陀三尊浄土図」、周囲は大壁画「仏教伝来の道と薬師寺」がめぐる（2017年撮影）

図1-8　平成3年に建立された玄奘三蔵院伽藍内の玄奘塔（2015年撮影）

図1-10　玄奘三蔵院伽藍の内部で「大唐西域壁画」の最後の筆入れを行う平山郁夫氏（2000年大晦日）。平山氏の後方は当時の松久保秀胤住職（代表撮影）

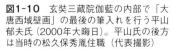

図1-11　東塔　解体前の塔の高さは34.13メートル、塔の上に載る相輪部分は10.34メートル。初重（1階）は10.51メートル四方。ちなみに日本一高いのは京都の東寺五重塔（国宝）の55メートル、2番目は興福寺五重塔（国宝）の50.1メートル（2009年撮影）

図1-12　インド中部、仏教遺跡サンチーの紀元前1世紀のストゥーパ（2017年撮影）

図1-13　インド北部の仏教聖地、サルナートの仏塔。説法するのは薬師寺の大谷徹奘・現執事長（2013年撮影）

図1-14　8世紀初頭に建立の煉瓦造りの塔、中国西安市の大薦福寺の小雁塔（2012年撮影）

図1-15　中国山西省北部にある応県木塔（仏宮寺釈迦塔）。1056年建立の八角五重塔（2012年撮影）

う。天から舞い降りたり、笛を吹いたりする飛天《ひてん》が透かし彫りされていて、歌人の会津八一《あいづやいち》（一八八一〜一九五六）が、

すゐえんの　あまつをとめが　ころもでの　ひまにも
すめる　あきのそらかな

という歌を残したほどです。古代の人びとの造形が想像力をかき立てたことは間違いありません。

東塔の謎

仏塔は、単なる美しい建築ではありません。そもそもはストゥーパ、サンスクリット語で「高く現すもの」という意味があり、仏舎利やそれに代わる遺物を安置する建物のことです。ストゥーパを漢字で表すと「卒塔婆《そとうば》」となり、そこから「塔」という呼び名になったのです。つまり、エッフェル塔や東京スカイツリーのような、記念物だったり観光施設だったりする高層建物とは、性格がまったく違います。

インドでは椀を伏せたような形や円筒を二つ重ねたようなどっしりしたものが見られます［図1-12、図1-13］。東南アジアには、すそが広くてあまり高くない円錐形がありますし、中国は日本に似ていますが、屋根の張り出しが小さいものが多いようです［図1-14、1-15］。それらと比較しても、薬師寺東塔のリズミカルな姿は特異なものといえそうです。

じつはほかにも、重要な謎がいくつかあります。

たとえば「いつ建てられたか」。薬師寺はもともと藤原京にありましたから、そちらから移された可能性を考えることもできます。

一方、現在の薬師寺の塔を見ても、どこからかもってきたような痕跡は見られず、今ある場所で新たに建てられたと考えるのが自然だという見方もありました。第六章の星野安治さんの論考をお読みください。驚きの事実が東塔の中にあったのです。

もう一つの謎は「東塔は健全なのか」でしょう。

薬師寺の伽藍配置図［図1-5］を見ていただくと、東院堂のすぐ東隣に「観音池」という表示があります。農業用のため池です。また、南大門の南側を細い川が流れています。じつは、薬師寺の境内は水分の多い場所にあるのです。

平成二一年、東院堂脇の発掘調査が実施されたとき、現場からは水が止むことなくわき出てきました。この現場の取材中、薬師寺のお坊さんから聞いたことが忘れられません。「この境内は本当に水がよく出る。今は排水施設が整えられたが、かつてはちょっと雨がふると、すぐ水浸しに

なったものだ」。そのせいでしょうか、東院堂の南には、水に関わる龍王《りゅうおう》（龍神）がまつられています。

東塔は東院堂のすぐ西隣にありますから、地盤の条件は同じようなものでしょう。軟弱な土地で、塔はどうやって真っすぐ立ち続けることができたのでしょうか。とても気になります。第八章で、基壇《きだん》の発掘調査を担当した青木敬さんと米川裕治さんが詳しく説明してくれています。

もう一つは、東塔がこれまでどんなケアや治療を受けてきたのか。

『薬師寺東塔基壇　国宝薬師寺東塔保存修理事業にともなう発掘調査概報』（薬師寺、二〇一六）によれば、天禄四年の火災では伽藍の大半が痛手を被ったものの、東塔がどんな修理を受けたかははっきりしないそうです。全解体修理は受けていないのか。第二章の鈴木嘉吉さんによれば、全解体は現代のことで、それ以前にはなかったようです。たしかに、機械力のなかった時代にこんな大胆なことは発想さえされなかったのかもしれません。

そうだとすれば、すべてを解体するというのは建物にとっても、私たちにとっても、貴重な機会といえるでしょう。

今回の東塔の修理が始まったのは平成二〇年のことでした。一二年がかりの事業です。塔を包み込む覆屋《おおいや》を建て、水煙を含む相輪から徐々に取り外していき、すべてを取り外したら基壇を発掘し、埋め戻したあとに再び元の姿へ組み上げるというものです。一三〇〇年を生きてきた古代の建物をもう一度組立て直すわけですから、さまざまな困難が待ち受けていました。それは第三・四章をお読みください。

また、初重の天井板に残っていた古代の彩色を詳しく調べてその色と文様を復原したり、新しい水煙を古代と寸分たがわぬサイズで造ったりする試みもありました。それをまとめた第七・九章の報告は、現代人が、今は忘れられた古代の技に迫った貴重な記録です。

誰でも参拝できる年中行事

薬師寺の年中行事を巻末に一覧表で示しました。

いずれも、参列できる人数に限りはありますが、特段の資格は不要で、どなたでも参拝できます。読経を聴きながら仏像を見つめたり、法要が終わったあとに境内を見渡して東塔を見上げたりすると、この寺は古代から続く祈りの場なのだと感じられます。

ちなみに、薬師寺の創建年代は「白鳳時代《はくほう》」と表現されます。文化史では、七世紀後半ごろの文化を「白鳳」とし、中国・唐から伝わったインド・グプタ朝の影響があるといわれます。ちょうど、天武・持統両天皇の治世がその中心でした。飛鳥時代とか奈良時代とか、政治史による区分では表せない時代に生まれたことが重視されるのでしょう。

今回の解体修理とさまざまな調査・研究によって、建立年代を含む東塔の謎がいくつか解き明かされました。しかし、すべてが解決したわけではありません。これからも薬師寺やその仏教をめぐるさまざまな議論が飛び交うことでしょう。また、白鳳伽藍の再興が続くと思います。創建期から残る東塔が、その行く末をいつまでも見守ってくれることを願ってやみません。

（朝日新聞社）

第二章　解体修理の目指したもの

鈴木嘉吉

はじめての全解体修理

明治三〇（一八九七）年六月、現在の「文化財保護法」の母体となる「古社寺保存法」が公布され、日本の文化財保護制度が始まりました。奈良ではこれを受けて前年の明治二九年から新薬師寺本堂、法起寺《ほうきじ》三重塔、唐招提寺金堂《とうしょうだいじこんどう》、同三〇年から薬師寺三重塔（東塔）、秋篠寺《あきしのでら》本堂の修理が一斉に着工されます。法律が施行される前から修理にかかったのは成立を見越して着手したとする説もありますが、建物自体の破損が大きく一刻の猶予もならない状態だったのです。このうち最も規模が大きい唐招提寺金堂は三年がかりでしたが、他はすべて二年間で修理を終えています。いまから見るとよくそんな短期間で文化財建造物の修理ができたものだと感嘆するばかりです。

薬師寺東塔の明治修理は他の建築と同様に建物のほとんど全部をいったんバラバラに解体して再び組み立てたものと考えられてきました。それは東塔の現状を見ると柱と柱を繋《つな》ぐ太い貫《ぬき》を加えたり、軒の垂下を防ぐ桔木《はねぎ》と呼ぶ丸太材を挿入したりする大掛かりな補強工事がこのときに行われていて、これは全解体に近い修理でなければとても施工できないと思われたからです。しかし今回の修理で調査してみると、このときは各重の裳階《もこし》と本宇《ほんう》の三重目を解体しただけで、本宇の初重と二重は軒《のき》の垂木《たるき》をすべて取り外した以外は、柱と頭貫《かしらぬき》・台輪《だいわ》で組み固めた軸組を解体せず、その上の組物《くみもの》（斗栱）も破損した箇所だけを補修したり新材に取り替えたりして修理したことがわかりました。塔のような高層建築の修理はたいへんな仕事ですが、日本の大工さんたちは昔から長い丸太で高い場所の骨組みを支えて隙間を作り、破損した箇所を繕ったり部材を取り替えたりして古い建物を維持してきました。中国や朝鮮の塔はほとんど石造か煉瓦造ですから、これは木造建築一筋の日本独特の高度な伝統的修理技術なのです。

さらに今回の調査では本宇の三重目はそれ以前にも二回もしくは三回解体されたことがわかりました。その第一回目は平安時代後期もしくは鎌倉時代初期（一二世紀後半）、第二回目は室町時代初期（一四世紀後半）、第三回目（か？）は江戸時代初期（一七世紀中ごろ）と推定されました。

日本の木造建築は適度な周期的修理によって永い生命を保っています。法隆寺の金堂や五重塔の修理の歴史を調べると、だいたい一〇〇年ごとに本瓦葺《ほんがわらぶき》の屋根の葺き替えや床面の補修などの小修理があり、その三回目にあたる三〇〇年目ぐらいには傷みやすい軒廻りや柱の足元などの修理のために建物を部分的に解体して行うなど、かなり大規模な修理を実施してきたことがわかります。五重塔では最上層の五重目だけは鎌倉時代の弘安六（一二八三）年と桃山時代の慶長九（一六〇四）年の二度、解体されていました。後者では各重の軒廻りの垂木や組物だけでなく柱も一部を新材に取り替えています。

文化財建造物の修理はこうした建物の歴史や技法を調査しながら進められます。そのなかでも今回のような全解体修理は数百年か千年に一度のきわめて貴重な機会なのです。

心柱根元の空洞

今回の全解体修理に至った最大の原因は、塔の心柱《しんばしら》の根元が腐って内部に大きな空洞を生じていたことです。外見ではわかりませんが、X線撮影で透視してみると、空洞は底面の周囲に薄い木部を残して砲弾状に上に延び、初重の天井近くまで達しています。これでは大地震がくると心柱が崩れ落ち、塔全体にも被害を及ぼしかねません。そのため平成一七（二〇〇五）年に心柱を二重目で抱きかかえる応急措置を行い、諸般の準備が整うのを待って同二三年から本工事にかかりました。法隆寺五重塔も心柱に空洞が生じていましたが、それは心柱を地下三メートルに据えた礎石《そせき》（心礎《しんそ》）上に立て、この部分が土に埋まる掘立柱《ほったてばしら》式の構造であったのが大きな原因でした。しかし薬師寺は藤原京で創建されたときから心礎は他の礎石と同高で基壇《きだん》の上面に据えられています。一般的に心礎は飛鳥時代には地下深くに据え、時代の下降とともに位置が高くなりますが、薬師寺は同高心礎の最も早い例なのです。

　解体してみると心柱の空洞は古くから生じていて、江戸時代の正保二（一六四五）年に心柱の根元を高さ約一・〇六メートル切断し、そこに高い根《ね》継石《つぎいし》を差し込んだことがわかりました。根継石は心柱の直径より少し大きい方約一・〇五メートルの花崗岩《かこうがん》で、心礎の上面を少し掘り凹めて据えています。そのため心礎にもともと出《で》枘《ほぞ》の造り出しがあったか否か不明ですが、西塔の心礎に見られる舎利《しゃり》孔《こう》がない点は確認されました。現在四天柱《してんばしら》を囲んで木製の須弥《しゅみ》壇《だん》が設けられていますが、これはちょうどその根継石を隠す高さで、このとき新設したものです。逆に言うと心柱内部の腐朽による空洞はこのときすでにかなり上方まで進んでいたのに、外観では太い心柱が下から立っているように見えるギリギリの高さで切断したと言えましょう。明治修理では心柱の空洞には触らず、高さ調整のために根継石の上に厚さ一一センチの欅《けやき》製の柱盤《はしらばん》を挿入しましたが、これも心柱の底面が周囲の薄い部分だけになっているので、硬い石ではなく木材で荷重を受けたほうがよいと考えたためと思われます。なお東塔は昭和二五〜二七（一九五〇〜五二）年にも屋根の葺き替えを主とする部分修理を行っていますが、このときには心柱の空洞には気がつきませんでした。

　今回の修理では心柱を倒して空洞周囲の腐朽部分を欠き落し、それに合わせて新調した檜《ひのき》材を高さ五〇センチごとに段をつけて円筒を積み上げたように削り、それを五段、すなわち二・五メートルの高さまで差し込んで埋木しました。したがって外見上は心柱は修理前とまったく変わりません。法隆寺昭和大修理では五重塔の心柱を底から約一・五メートル切断して新材で継木しました。東塔は江戸時代にすでに約一メートル切断したので少し事情が異なりますが、こんなに奥深い腐朽部分を修理できたのはレーザー光線を用いた正確な墨付けや回転式電気カンナなど、狭い場所にも使える近代的工具のおかげです。現在の文化財修理には鑓鉋《やりがんな》や手斧《ちょうな》のような古代からの大工道具と近代の道具が平行して使われているのです。なお法隆寺五重塔の心柱は断面八角形で根元の太さは差渡し八一センチ、薬師寺東塔は円形で直径九二センチです。

　今回の修理では心柱は、江戸時代に足元が継石される以前には、二重内部で短い貫を差し通しそれを両脇から支えて倒壊を防いでいたこともわかりました。東塔の初重にはもともと釈迦《しゃか》八相《はっそう》のうち因相《いんそう》の四場面が安置されていました。西塔には果《か》相《そう》の四面が祀られ、両者で釈迦の生涯を物語っていたのです。その形状は不明ですが、現在、法隆寺五重塔の初重に見られる塔本塑《そ》像《ぞう》のように、四天柱より外廻りに壇を造って須弥山《しゅみせん》状の背景を築き、粘土で作った人物や動物の群像を並べたものと考えられています。そのため、早くから心柱根元の腐朽に気づいても手を下すことができなかったのを、江戸時代になっていよいよ危険が迫り、八相像を撤去して修理したのです。寺にはこのときに撤去された塑像の心木が約一六〇本残っています。また、室町時代の享禄元（一五二八）年に兵火で焼失した西塔では火熱で素焼状になった塑像の断片が発掘調査で多数発見されました。

二重目内部での心柱の倒壊防止工事は康安元（一三六一）年の大地震後と推定されます。法隆寺の古文書『嘉元記《かげんき》』には、この年六月二二日と二四日に大地震があり、五重塔の水煙《すいえん》が折れたが下には落ちなかった、しかし薬師寺では金堂の二階が傾いて大破し、塔は一基は九輪《くりん》が落ち、一基は大きくゆがんだと記されています。東塔の相輪には落下したほどの損傷は見られませんから、おそらく後者だったのでしょう。そして心柱を二重内部で吊り上げる補強を行ったものと思われます。なお法隆寺五重塔はもっと早く心柱足元の腐朽に気づいて、平安時代末期の保元三（一一五八）年に各重の軒の垂木を打ち替える大修理を行ったときに、二・三・四重目の三カ所で井桁状の枠組を造り、それに心柱を釘止めして補強していました。

東塔の心柱は三重目の高さのところで上下二本継とされ、上方は杉材となっていますが、これも康安地震の被災後の修理で現状となったようです。心柱の年輪年代を調べると下方は七一九年で間違いなく当初材です。東塔は『七大寺日記』などの古文書に天平二（七三〇）年建立と記されていますが、今回の年輪調査でそれが実証されました。一方、上方の杉材はC14による測定値が一三三九～六六年と算出され、ちょうど一三六一（康安元）年の地震後に伐採したとすれば年代が合います。ところで、この上方心柱は継手仕口《つぎてしくち》を作らずに下方の心柱の上に載せ、周囲に当て木をしてそれを釘止めする簡単な方法で上下材を継いでいました。最初は補強の当て木も少なく、そのためか文化四（一八〇七）年の修理願には九輪が大きく傾いた図が画かれています。

法隆寺五重塔の心柱も二本継ですが、これは四重目の高さで「貝の口」と呼ぶ長い継手を作って上下材を差し合わせ、八角形の四面に取り付けた添木もこの継手より上方まで延ばしています。それに比べるとまことに呑気なものだとしか言いようがありません。ただ、これではやはり弱いので、時代が下る修理ごとに周囲に釘止めする当て木を増加したり長く延ばしたりしていました。法隆寺五重塔心柱の継手部分の長さは二・三六メートルありますから、東塔下方心柱に仕口痕が見られない点から考えると、あるいは、東塔の心柱は上方の九輪まで一木《いちぼく》で達していたのかもしれません。また、そんなに長大な木材は古代でも貴重品ですから、柱の根腐れも最初から気づきながら使われたとも想像されます。檜も樹齢三百年を超える大径木になると、三〜四割は立木のうちに根腐れを生じたものがあると山持《やまもち》の人から聞いたことがあります。

なお、上方心柱は杉材の耐久力が懸念されましたが、強度実験の結果、安全性が確かめられたので旧状のまま再用しました。またその頂部には江戸時代に入れた舎利が安置されていましたが、今回、舎利容器を新調品に取り替えて元のとおりに納めました。新しい舎利容器は人間国宝を含む現代の代表的工芸作家五人が四重の器と包袋を分担して製作したもので、おそらく一〇〇年後の次の修理のときに再び人の目にふれることになるでしょう。

大きかった礎石の不同沈下

修理前の東塔では礎石が大きく不同沈下していました。建立当初の高さをほぼ保つとみられる心礎や四天柱礎石に対して、側柱《がわばしら》通りの礎石が全体的に沈下し、最大の西北隅はマイナス二三・八センチ、西南隅は同じくマイナス一七・三センチも低くなっていました。東北隅礎石はマイナス七・八センチ、東南隅は同じくマイナス四・五センチでした。礎石はもともと上面に方形の柱座を高く造り出した形式なのですが、側柱筋ではその柱座が凝灰岩《ぎょうかいがん》敷の床面より下に沈み込んでしまっていたのです。東塔は全重量が四八〇トンあります。初重の柱は一六本ですから、一本あたり三〇トンの荷重を支える計算ですが、実際には隅柱に負荷が集中し、そのために特に沈下量が大きくなっていました。東塔の平面寸法は方三間で一辺七・〇九メートルですから、その近距離で西と東の礎石の高さが北辺で一六センチ、南辺で一二・八センチも差があっては柱が大きく傾いてしまいます。そのために明治修理では四天柱を含む初重の全柱に高さ二〇〜三〇センチの根継を行い、特に低い礎石にはさらに平たい根継石も加えて、柱の頂部が水平になるように調整していました。これだけ不同沈下が大きいと当然明治以前にもなんらかの対策を講じていたはずですが、柱が全部根継されたためそれ以前の状況は不明です。

東塔のような古代寺院の高級建築は必ず高い基壇上に建てられています。これは中国では早く西周・春秋時代（BC一一〜BC四世紀）から行われた建築技術で、日本には五九二年に着工された最初の仏教寺院、飛鳥寺《あすかでら》に瓦葺などとともに伝えられました。版築《はんちく》といって薄く置いた土を細い丸棒で一層ずつ突き固め、それを何層も積み上げて高い壇や塀を造ります。高級建築ほど基壇が高く、薬師寺ではいままでの発掘調査で金堂や西塔は高さ一・三メートルあることがわかりました。東塔の基壇も現在は下方が埋まって高さ七五センチほどになっていますが、発掘で当初は一・三メートルと確認されました。心礎を含めて建物の礎石はこの版築上に据えられています。したがって本来は礎石にかかる建物の荷重はこの版築層で支えられるはずですが、東塔の場合はその下の地盤が軟弱な湿地のために沈下してしまったのです。同様な大きい不同沈下は京都の平等院鳳凰堂《びょうどういんほうおうどう》でも見られました。鳳凰堂は宇治川に面する低湿地を埋め立てて基壇を築いて建てられています。昭和二五〜三一年の解体修理時に計測すると、礎石の高低差は最大で二〇・九センチあり、柱下に木製の盤を敷いて高さを調整していました。それに比べると東塔の立地はさほど悪くないはずですが、やはり高層建築は荷重が大きいためでしょう。

今回の修理で初重の軸組を解体してみると、礎石の不同沈下は早く建立後の間もない時期から生じたことがわかりました。初重の側柱のうち二番目に沈下量が大きい西南隅柱を除くと他の柱は頂部や頭貫仕口を三〜八センチ程度、いずれも切り下げ、それで頭貫の上に載る台輪が水平になるよう加工していたのです。この工作は軸組を組んだまま行われ、台輪の上から頭貫を貫通して柱に打ち込んだ長い釘もそのままで施工されていました。その時期は不明ですが、奈良時代末か平安時代初期と推定されました。これからすると、このときに一番沈下していたのは西南隅で、その後に西北隅の沈下が最大となったことがわかります。なお平等院鳳凰堂では柱立《はしらだて》のときにすでに礎石の不同沈下が始まっていたので、その場で頭貫仕口と柱天を切り下げて調整していました。東塔の場合も初重の柱高を切り揃えたのは、あるいは組み立て途中だったのかもしれません。

このように礎石の沈下が大きく側柱筋全体に及ぶことから、今回の修理では本来の礎石には手を触れず、その上に近代工法の基壇を造って建物を組み立てることにしました。基礎を丈夫にするには、いったん全部の礎石を掘り起こし、固い地盤まで届く長い杭を打ち込んでその上に元の礎石を据え直すしかありません。鳳凰堂では基壇上から直径二四センチ、長さ三・八メートルの鉄筋コンクリート杭を各柱位置に四本ずつ打ち、地山《じやま》に達した長さで杭の頭を切ってその上に礎石を据えました。しかしそれでは貴重な建築技術の証拠を破壊することになってしまいます。そのために東塔では発掘された当初の基壇遺構を保存しながら、その外周と内部の心礎東西を截ち割りした調査用のトレンチ部分だけに杭を打ち、その上に四角形の空箱《からばこ》を伏せたような構造の新基壇を造りました。杭は直径四〇〜六〇センチ、長さ一二〜一三メートルの鋼管製で周囲に一六本、トレンチ内に八本の計二四本でした。建物の本体だけでなく基礎部分まで保存したのは今までの永い文化財修理の歴史のなかでもはじめての試みです。

新基壇は修理前の基壇が低くなっていたのを本来の高さに復元し、全体を九五センチ高くして造りました。薬師寺の境内は西方の丘陵から流れ込んだ土砂が堆積して一三〇〇年のあいだに約五〇センチ高くなっています。そのために金堂から着手した白鳳伽藍《がらん》復興工事では復元する建物の基準地表面を創建時より七〇センチ高く設定してきました。これで発掘でわかった遺跡も保存できます。しかし、その結果、東塔の周囲が凹地になっていたのですが今回の地上げでそれも解消されました。なお初重の柱は新基壇上に据えた模造の礎石上に立つことになりましたが、心柱だけは中央に開けた穴を通して元来の心礎に乗っています。江戸時代の根継石が新基壇の礎石とほぼ同高になるのを利用して、心柱空洞の埋木を下方では心柱と同じ太さの継木にして心柱自体を九五センチ長くしておいたのです。明治修理時に加えた欅板の柱盤も再用しました。舎利を納めた心柱は、やはり、直接大地に接してほしいからです。

歴史を伝える現状修理

東塔は今回の解体修理で基壇の高さや階段を建築当初の姿に復元しましたが、建物の本体は修理前の構造や形式のまま再び組み立てられました。基壇は下方が埋まって高さ七〇センチになっていたのを高さ一・三メートルに復元し、階段はいままで西面だけに取り付けられていたのを四面に設置しました。すでに復元されている西塔の基壇と同じです。一方、西塔では建物本体にも各所に復元が行われています。そのなかでも最も目立つのは、各重裳階の中央板扉以外の各間がすべて連子窓《れんじまど》になっていることでしょう。しかし解体して柱や頭貫を調べると、初重は各面五間のうち扉の両脇間は窓、端の間は壁（西塔は連子窓に復元）、二重と三重は各面三間で中央が扉、両脇間は窓と判明しました。しかし残念ながら窓の形式や寸法がわかる部材がまったく発見されませんでしたので、修理前と同様に各間ともすべて漆喰塗《しっくいぬり》の土壁にしました。

両塔を見比べてもう一つ、違いに気づくのは、三重目の軒の出が西塔は東塔より大きく、屋根勾配《こうばい》が緩《ゆる》いことでしょう。そのために相輪を上げた最上層の屋根が西塔は東塔より軽やかに感じられます。実際に東塔の三重の軒は短くなっています。文化四（一八〇七）年に寺から出した東塔の修理願には、一六〇年前の正保修理のときに四方の垂木鼻（端《はな》）を二尺（六〇センチ）ばかり切り縮めたので、雨風が直接吹き付けて建物の傷みが大きくなったと記されています。垂木による軒の出を比べると初重二・二三メートル、二重二・〇二メートル、三重一・五六メートルで、初重～二重間より二重～三重間のほうが大きく逓減しています。修理願の六〇センチは大袈裟ですが三重の軒が切り縮められたのは間違いないようです。そのため西塔では初重と二重の軒先を結ぶ直線上に三重の軒先が納まると想定して、三重の軒の出を二七センチ大きくして復元しました。実際に日本の木造の塔は各重の軒先が直線上に揃うのが普通です。しかし今回の東塔の修理では初重と二重はほぼ当初の軒の出を踏襲するものの三重については資料不足のため不明と判断されました。三重は地隅木《じすみぎ》・飛檐《ひえん》隅木がすべて明治修理時に新材に取り替えられていて、それ以前のことがわからないのです。文化財の修理では推定復元は許されません。

三重目の屋根勾配についても同様です。東塔の初重と二重の屋根勾配はおおよそ$\frac{30}{100}$で瓦葺屋根としては最も緩い形式です。本瓦葺は平瓦を平均して二枚半程度重ねて葺きますから、瓦自体の勾配はさらに緩くなって$\frac{20}{100}$かそれ以下になります。平瓦の勾配が緩いと吹き付ける風で雨水が逆流しますから、これが限度といってもよい緩さなのですが、薬師寺の塔には各重に裳階がつき、その柱を支える腰《こし》組《ぐみ》の土台が下重の垂木上に据えられているので、それ以上の屋根勾配にすることができず、やむをえないのです。しかし三重目の屋根勾配は自由ですから、西塔では古代建築で想定される比較的薄い葺下地を設けて$\frac{38}{100}$程度としました。

一方東塔の三重の屋根勾配は$\frac{56}{100}$あります。その頂部に露盤《ろばん》を据え伏鉢《ふくばち》を置くと心柱はその肩から上方は細くなっています。露盤下の熨《の》斗《し》積《づみ》の高さは多少調整できますが、三重目の屋根勾配は心柱の長さで決められているのです。今回の修理では前述したように基壇の嵩上《かさあ》げで心柱の下端の高さは変更されましたが、建物本体との相対関係は旧状と同じです。心柱は継手部分の補強を以前より丈夫にするだけで再用することができましたから、したがって三重の屋根勾配も修理前と変わらず瓦葺きが終了しました。

こうした現状修理の方針は後世に加えられた補強材についても同様です。東塔では各重とも本宇の太い柱に貫を通して軸組を強化し、また屋根裏では桔木と呼ぶ太い丸太を入れて軒先が下がるのを防ぐ補強工作が行われています。古代建築は柱の頂部に頭貫や台輪を置いて軸組を造るだけで、その下方に穴を開けて横材（貫）を通していっそう丈夫にする技術はいまだありませんでした。しかし鎌倉時代になって中国から新技術として輸入され、以後は日本建築も貫を用いるのが普通となります。東塔でもおそらく心柱の上部を新材にした室町時代の修理時に貫を加えたらしく、明治修理では貫を入れる箇所をさらに増加していっそうの強化を図っていました。今回の修理では近代的な構造計算を行った結果、現状の貫は非常に有効であり、かつこれ以上加える必要はないと判明しましたので、従来どおりに組み立てました。また桔木も鎌倉時代に発明された日本独特の補強技術で、東塔には明治修理時にはじめて用いられたようですが、これも長い年月を経た建築には必要不可欠で現状に特に不足はないと判断されたので、接合部分を金具でいっそう強化するなどの措置を施して従来どおり組み上げました。文化財建造物の修理では当初の部材や形式を保存するだけでなく、永い年月の間に建物が辿った歴史を示す修理時の材料・工法を後世に伝えることも重要な責務なのです。なお今回の修理では風洞実験や緻密な構造計算を行った結果、いま以上の補強を行う必要はないと判断されたことも、従来の材料・構法をそのまま再用することができた大きな原因です。

　東塔は建築当初から構造を強化する特別な措置がとられています。それは柱の上に据える組物（斗栱）のうち特に大きな荷重を受ける部材に欅（槻とも）を用いていることで、大斗《だいと》、側通りの隅行《すみゆき》一段目肘木《ひじき》（斗《ます》を作り出した成の高い形）、その上の二段目および三段目の隅方斗《すみほうと》、三手先目の秤肘木《はかり》を受ける尾垂木上の斗などを欅で作っています。古代建築は檜を用いるのが普通で、実際に法隆寺金堂をはじめ、現存する建物はすべて檜造りです。幼稚な工具しかなかった古代では固い欅の加工は容易なことではありません。また三手先組物の最も初期の段階で荷重が集中する箇所を熟知していることも驚きです。そのおかげで東塔は普通なら後世の修理のときに取り替えられてしまうことが多い箇所にも一三〇〇年を経た建築当初の部材がよく残っていました。しかし後補材は檜製でした。なお日本建築で柱や梁に欅を使うようになるのは江戸時代からです。

　このように建物の本体についてはできるだけ従来の材料・工法を再用する現状修理を行いましたが、塔の頂部に据えた青銅製の相輪については最上部の宝珠《ほうじゅ》・竜車《りゅうしゃ》と水煙および九輪を支える擦管《さつかん》のうち銘が刻まれた最下部のものを複製品に取り替えて、本物は別途保存することにしました。東塔の相輪は明治修理のときからすでに大きく破損した部分を繕って再用しています。よく知られた天人が舞う美しい水煙も真二つに分かれた写真が残っています。昭和修理では全体を綿密に再修理し、特に水煙は当時東京芸術大学教授の丸山不忘氏によって約七〇カ所を熔接仕上げされましたが、破損・変形が大きかった伏鉢とその下の露盤蓋板は新しく鋳造して取り替えました。

東塔は今回の修理が終わると今後一〇〇年程度は高い足代《あしば》（足場）を作って屋根に上るような修理を行うことはないと思われます。水煙や檫銘の保存状況を確認する機会もおそらく簡単には設けられないでしょう。その間に台風や地震による災害も心配です。文化財の公開・活用の動きが強まるなかで、近年美術工芸品では模写・模造を行って本物は収蔵庫に保存する例が増加していますが、もともと野外に建つ建造物の修理ではこのように複製品と交換するのはごく稀なことです。これは東塔の水煙が奈良時代の美術工芸品としても貴重な作品であり、また檫管の銘文は他に類がない歴史資料であることを重視した結果にほかなりません。複製品との交替も現代の文化財修理の一手法と言えましょう。なお最上部の九輪は破損大のための取替です。

建造物の修理では、また彩色の調査と保存も重要な仕事です。東塔の初重内部には中央に平らな組入天井《くみいれてんじょう》、周囲に斜めの支輪天井を造ってその天井板には極彩色の宝相華文《ほうそうげもん》を画いています。さらに裳階の垂木の裏板にも彩色があります。現在は四天柱の内側にも組入天井を張りますがこれは釈迦八相像を正保修理で撤去した際に下方の須弥壇と一緒に新しく作ったもので彩色はありません。

彩色修理の原則も現状保存です。近世建築では日光東照宮のように定期的に塗装修理を行うところがありますが、その場合も新しく塗り替えるのは建物の外観だけで内部の彩色は現状どおり保存されます。ちなみに東照宮の塗り替え修理は江戸時代にはほぼ三〇年間隔、明治以降は約五〇年ごとに行っています。東塔の場合も入念な剝落《はくらく》止めを何回も行って彩色の保存に務めましたが、平行して最新の光学器械を使った研究調査を行い、彩色復原図を製作しました。さらに支輪板と裳階の裏板にはすでに当初材が失われて素木《しらき》になっているところがありますので、そこに復原した宝相華文を画いた新しい天井板を嵌《は》め込みました。両者とも文様が二種類でそれを交互に配置したことがわかりましたので、復原彩色板も二枚並べて取り付けました。なお四天柱周囲の組入天井部分では当初の天井板が完存していたので彩色復原図は紙に画いたものだけとなりました。

東塔の大修理は十年間の歳月を費して漸く完成することができました。周囲の地盤を上げ基壇も復元したので足元は少し高くなりましたが、建物本体は修理前とまったく同じ姿です。模造品に取り替えた水煙も古色仕上げなので、いままでと変わりません。どこを修理したのかわからないけれど、なんとなく全体が引き締まって綺麗な姿になったと感じていただけたら、文化財の修理は成功なのです。

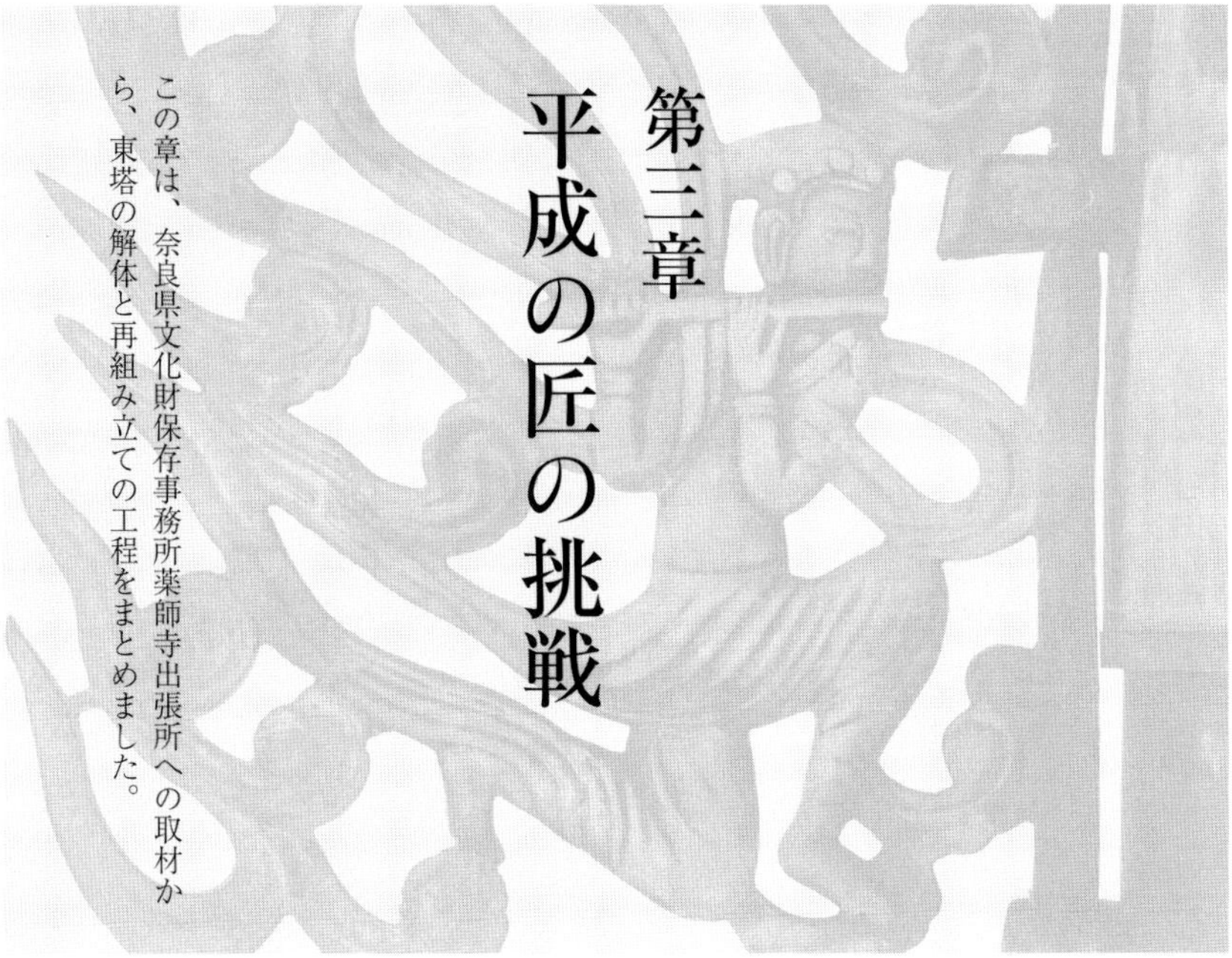

第三章 平成の匠の挑戦

この章は、奈良県文化財保存事務所薬師寺出張所への取材から、東塔の解体と再組み立ての工程をまとめました。

修理の概要

東塔の修理事業は、薬師寺が奈良県に工事を委託し、同県の文化財保存事務所が現地に薬師寺出張所を置いて直営で実施しました。直営工事は明治時代に文化財建造物の修理が始まった時からの運営方式で、同県では大工さんも県職員となり、全体の設計監理だけでなく施工も直営です。今回の事業は、期間が平成二一（二〇〇九）年七月一日から令和三（二〇二一）年三月三一日までで、総事業費は二八億三〇〇〇万円となりました。

スライド式覆屋

解体修理はまず、塔を覆う覆屋《おおいや》を建設することから始まりました。平成二三年秋のことです。高さ四二・五メートル、東西三〇メートル、南北三二・五メートルの鉄骨の建物で、高さ三四メートルの塔をすっぽり覆います。内部には塔を四方から囲むように、七階の足場を組み、そこを作業場と解体部材の仮置き場にして、塔を上から順に解体し、基《き》壇《だん》だけになったところで、今度は下から順に組み立て直すのです。

この覆屋は、四分割して造り移動させるスライド工法で建てられました。南北長四・五メートル分ずつ塔の北側で組み立てては、油圧ジャッキで南へ移動させ、都合、四回

解体修理でわかった過去の修理

天平２（730）年	建立（心柱下部・初重支輪板の年輪年代、『扶桑略記』）
12～13世紀ごろ	三重の軒回り修理（三重丸桁の年輪年代）
応安元（1368）年	心柱上部と相輪の修理（心柱上部の年輪年代、伏鉢の落書き）
応永14（1407）年	相輪修理（伏鉢の落書き）
正保元（1644）年～3年	初重仏壇の改造（仏壇の錺金具の銘、史料）
天明３（1783）年	内容不明の修理（二重の四天柱の墨書）
文化５（1808）年	露盤付近の修理（史料）
安政３（1856）年	露盤と心柱の添え木の修理（史料）
明治31（1898）年～33年	初重と二重の本宇軸部を除く半解体修理（修理札など）
昭和５（1930）年	二重の軒回り修理（垂木の墨書）
昭和25（1950）年～27年	屋根の葺き替え・部分修理（修理工事報告書）
平成17（2005）年	心柱に添え木を追加する応急補強（記録）

薬師寺提供。カッコ内は判明の根拠

移動させたところで残る鉄骨を北端に組み上げて完成です。

通常、覆屋の建設はクレーン車を移動させながら進めるのですが、東塔の周囲は回廊《かいろう》や金堂《こんどう》があるため、クレーン車を移動させられる空間が確保できません。そこでこの工法が採用されたのです。

解体開始

塔が完全に覆われ、解体が具体化したのは平成二四年六月でした。最初に塔を離れたのは、てっぺんに取り付けられた青銅の飾り、宝珠《ほうじゅ》（高さ約四五センチ、重さ約一九キロ）です。水煙《すいえん》、相輪《そうりん》が続き、九月には瓦が一枚ずつ外されていきました。

木部の解体が始まると、おもしろいものも出てきました。三重の野地板《のじいた》（瓦の下地板）の裏側に落書きがあったのです。修理の際に書かれたものでした。

落書きも、東塔の一三〇〇年に及ぶ履歴を明らかにする記録として重要です。今回の解体に並行して実施された年輪年代測定（第六章参照）などと合わせると、上の表のようなことがわかってきました。

過去の修理に学ぶ

三重の屋根の野地板が取り外されると、野垂木《のだるき》が姿を現しました。

そして、その下を斜めに通り抜けるように、数本の太い横材が仕込まれているのが見えてきました。垂木を下支えしている横材である、丸桁《がぎょう》の上に金属のボルトで取り付けられています。丸桁桔《がぎょうばね》という桔木《はねぎ》で、屋根の重みで丸桁が下がるのを「てこ」の要領ではね上げて食い止めようと、明治の修理で施された部材です。二重、初重の本体部分の屋根裏にも同じように仕込まれていました。

ただ問題だったのは、丸桁と繋いでいるボルトが緩《ゆる》んでいたことです。これでははね上げる力が伝わらず、せっかくの工夫が実力を発揮できません。

今回の修理では、文化財の専門家らによる国宝薬師寺東塔保存修理事業専門委員会が設けられ、工事の進め方などを議論してきましたが、委員の中からは「取り外してはどうか」という意見もありました。塔を建立《こんりゅう》したときにはなかった部材ですから、それも選択肢の一つでしょう。

第四章で取り上げる、清水建設による構造解析の結果などを受けて、この丸桁桔を残し、ボルトを締め直すことになりました。ボルトを締め付けるナットが一カ所につき一個だったのを、二個に増やし、ナットの下に挟むワッシャー（座金）も、らせん形のスプリングワッシャーにしました。この二つの改良で、ボルトは緩みにくくなり、丸桁と丸桁桔をしっかり固定することができました。

丸桁桔自体も補強が施されました。いくつもの材が交差する屋根裏に後から差し込んだためか、切り欠きされた部分があり、一部は強度が足りないことがわかったので、今後、折れることがないよう金属板が当てられました。

丸桁はその下に巻斗《まきと》や大斗《だいと》といった斗《ます》など、受け木の組物で支えられています。それらは上からの重みに堪えかねて割れたり曲がったり、全体が下がったりしていました。これらの負担は、明治の丸桁桔のおかげで十分解消されたのですが、他に大きな難題がありました。

裳階《もこし》です。二重と三重の裳階は柱下の腰組《こしぐみ》だけで裳階全体の重さを支えているのです。

奈良県文化財保存事務所が調べたところ、それぞれの階にかかる重さは、二重本体が約一二六トンで二重裳階が約四四トン、三重本体が約七五トンで三重裳階が約三二トンでした。裳階の腰組にも相当の重量がかかっていることがわかります。そこで、裳階を長持ちさせるために何らかの補強が必要、ということになりました。

清水建設から構造補強案が出されました。二重と三重の裳階の四隅に金属のパイプとL字形に曲げた金属板を仕込み、それらを金属棒で柱に繋ぐものです（五四頁図参照）。お母さんが首や肩から吊った抱っこひもで赤ちゃんを

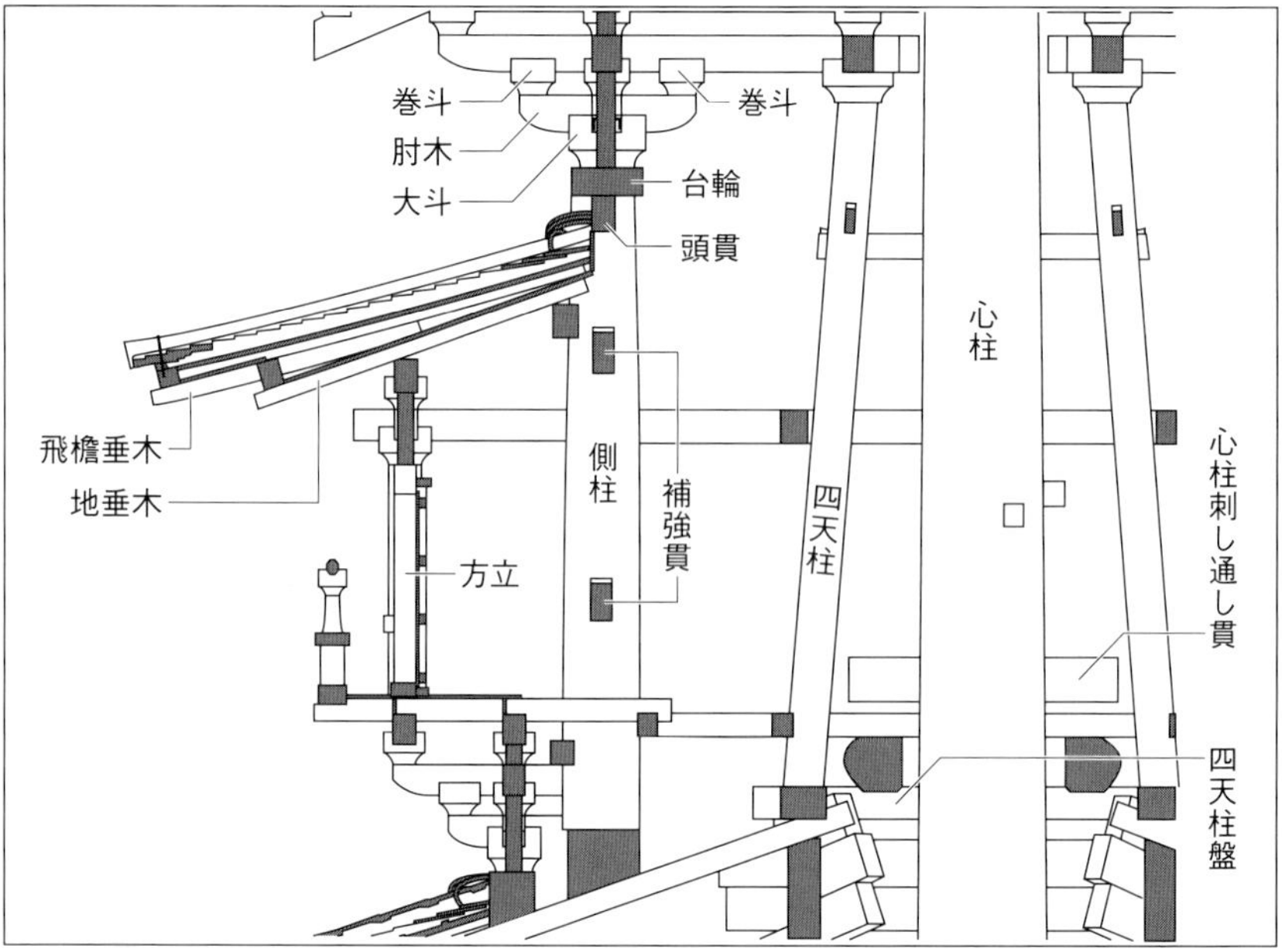

二重裳階断面図（昭和修理工事報告書より）

抱え、お尻に両手を回して支えているのと同じような理屈です。これなら、重さの何割かを柱に預けることで、裳階の下の組物の負担を軽減できます。

ただし、L字の金属板が裳階の縁側下に見えてしまうので、計画にあたっては、なるべく目立たないように配置が工夫されました。東塔を見上げると、裳階の縁側にそれらしいものが見えるかもしれません。それは現代の匠による挑戦の痕なのです。

古材を活かす

東塔は約一万三〇〇〇点の木材で組み立てられています。今回の修理にあたっては、できるかぎり解体前の木材を再利用することとし、新しい材に取り換えられたのは約一五〇〇点に留まりました。

交換対象となったのは、軒の天井板、野地板、野垂木、瓦座《かわらざ》といった屋根回りや、初重の地覆《じふく》（最下部に渡す横木）でした。

屋根は雨をまともに受けますから、瓦のあいだから内部に水分が浸み込むと、なかなか乾かず、腐朽菌や虫喰いを呼んで、ジュクジュクと蒸れ腐れを起こします。地覆も同じで、下の基壇から水分が上がってきます。

柱の下部の弱ったところだけを切除し、取り換えたり補強（根継《ねつぎ》）したりしたのは、心柱を除いて三一本でした。初重の柱は一六本全部に根継が施され、その外側にある初重裳階は二〇本の柱のうち一四本を根継しました。また、三重の柱一本については、最上部を部分的に切り取り、新しい材で補っています。

初重の柱は明治などに根継されているのですが、やはり虫害、腐朽菌により傷みが進んだようです。東塔全体の重量、約四八〇トンを初重の柱はまさに一身に受けています。根継を施されたとはいっても、初重と二重の柱は取り換えられることなく一三〇〇年前から立ち続けているのですから、驚嘆せざるをえません。

まったく補修・再加工の必要がない材は約九〇〇〇点ありました。どれも塔の内部で、風雨にさらされないため保存環境がよく、外側から力が加えられることもないので破損・変形しにくかったと見られています。

可能な限り再利用するため、蒸れ腐れや虫害で細かな穴がいくつもできた材は、穴を一つ一つ丁寧に削ったうえで埋め木されました。虫歯を削って詰め物をするのに似ているといえるでしょうか。

古代の大工道具も、新たに製作して使いました。こうもり傘の持ち手のような木の柄につけて木を削る鍬《くわ》形の刃物、手斧《ちょうな》は新潟県長岡市の高木順一さんが手がけました。日本で数人という名工です。木型を送り、それと同じ刃を打ってもらったのです。

心柱と基壇の工夫

最大の難関といえるのが、第二章で紹介している心柱でした。

心柱は、全長約三〇メートルで、一七メートルある檜《ひのき》材（最大直径約九〇センチ）の上に一三メートルの杉材（同約五三センチ）を繋いであります。繋いだ理由はわかりませんが、清水建設による大地震時の揺れの解析では、柱の上部が激しく揺れるという結果が出ています。過去に地震や台風などで折れたことがあったのかもしれないという見方もあります。

継ぎ目には四本の添え木が当てられ、その上からボルトとナットで留めてありました。丸桁桔と同様、明治時代の修理ですが、やはりボルトが緩んでいて、将来の大地震を想定すれば、折れることがないように補強が必要と判断されました。

そこで、新しいボルトナットを明治の添え木の上から四カ所に差し込み、さらに二二ミリ角という太い和釘を五〇本以上打って留めたのです。

心柱の最大の弱点だった根元の空洞はジャッキで心柱を

持ち上げ、人ひとりが入るのがやっとの空洞に、当時の棟《とう》梁《りょう》が入り込んで少しずつ削っていきました。ゆるゆるでは根継の意味がありませんから、空洞と根継材とのすき間が一ミリになるよう、細密な計測をしながら調整していきました。

いよいよすべての準備が終わり、心柱と根継材が接合されたのは平成二八年一一月二九日のことでした。

ジャッキで少しずつ根継材を持ち上げ心柱に差し込んでいく作業は一日がかり。少しのずれでも心柱が割れるおそれがありましたから、隙間を確かめながら、じわりじわりの工程でした。

ちなみに、根継材は静岡県浜松市の山から切り出された樹齢一六〇年超の檜で、直径一～一・三メートル、長さ六メートルのものです。

第二章で紹介されているように、発掘された当初の基壇遺構を保存しながらコンクリートの「新設基壇」を造りました。コンクリートは、鉄筋にエポキシ樹脂による処理を施したうえで打設しました。清水建設の貞広修上席設計長によると、鉄筋を樹脂で巻くのはサビを防ぐためで、土木工事に用いられるものの、建物に利用されるのは珍しいそうです。

瓦は消耗品

屋根瓦は多くが新しいものに交換されました。丸瓦《まるがわら》は約八〇〇〇点中約五〇〇〇点、平瓦《ひらがわら》は約一万七〇〇〇点中約一万点が新品です。交換前の時点で、丸瓦では古代のものが約二〇点、中世が約九五〇点、平瓦では古代が約六〇点、中世が約一八〇〇点です。

瓦は直接雨風を受けます。浸み込んだ水が凍って膨張すれば割れますから、瓦は消耗品なのです。今回、再組み立てにあたって、古代～近世の瓦は初重裳階の東面、明治のものは初重裳階の南面に葺かれました。一番下の屋根なので、上の屋根に守られて雨がかかりにくく、東や南なら乾きやすいという判断です。

初重裳階の屋根を見上げてみてください。そこには一三〇〇年前からの瓦もあります。

古代の釘、そして土壁

日本の伝統建築はよく、木を巧みに組み合わせて造るといわれます。そのため、釘は使わない、と思われがちですが、じつはそんなことはありません。東塔では、長さ四〇センチ、五〇センチという和釘があちこちから出てきました。それもまっすぐに打ち込まれたものばかりではありません。材木の堅いところを避けて入っていくので、木の中で曲がります。中にはU字に曲がったものもありました。

昭和二五～二七年の修理では、洋釘を打つ金槌では役に立たず、鉄道の枕木を地中に打ち込む大型ハンマーを近畿日本鉄道から借りてきたこともあったそうです。

今回の解体では、小型油圧ジャッキで木材を浮かせるようにして釘を抜くこともありましたが、どうしても抜けないものもあり、それらはやむなく切断されました。

使われていた釘は、塔全体で約五万九七五〇点。内訳は、近代修理で使われた洋釘が約五万六〇〇〇点で、和釘が約三七五〇点。和釘は古代のものが九〇〇点、中世が一五〇点、近世以降が二七〇〇点でした。

和釘のうち、古代と中世の約一〇〇〇点は再利用されましたが、近世以降のものは品質の問題でほぼ新しいものに取り換えました。結局、洋釘を和釘に換えた場所もあり、和釘三七〇〇点、洋釘五万五〇〇〇点を新調しています。

木材、瓦、釘、相輪など青銅の飾りに加えて、忘れてはならない塔の構成要素が土壁です。解体のとき、すべてが取り外されました。一番外側の白い漆喰《しっくい》は再利用できませんでしたが、その下にあった壁土は新しい土とブレンドしたうえで、可能な限り再利用されました。

（朝日新聞社）

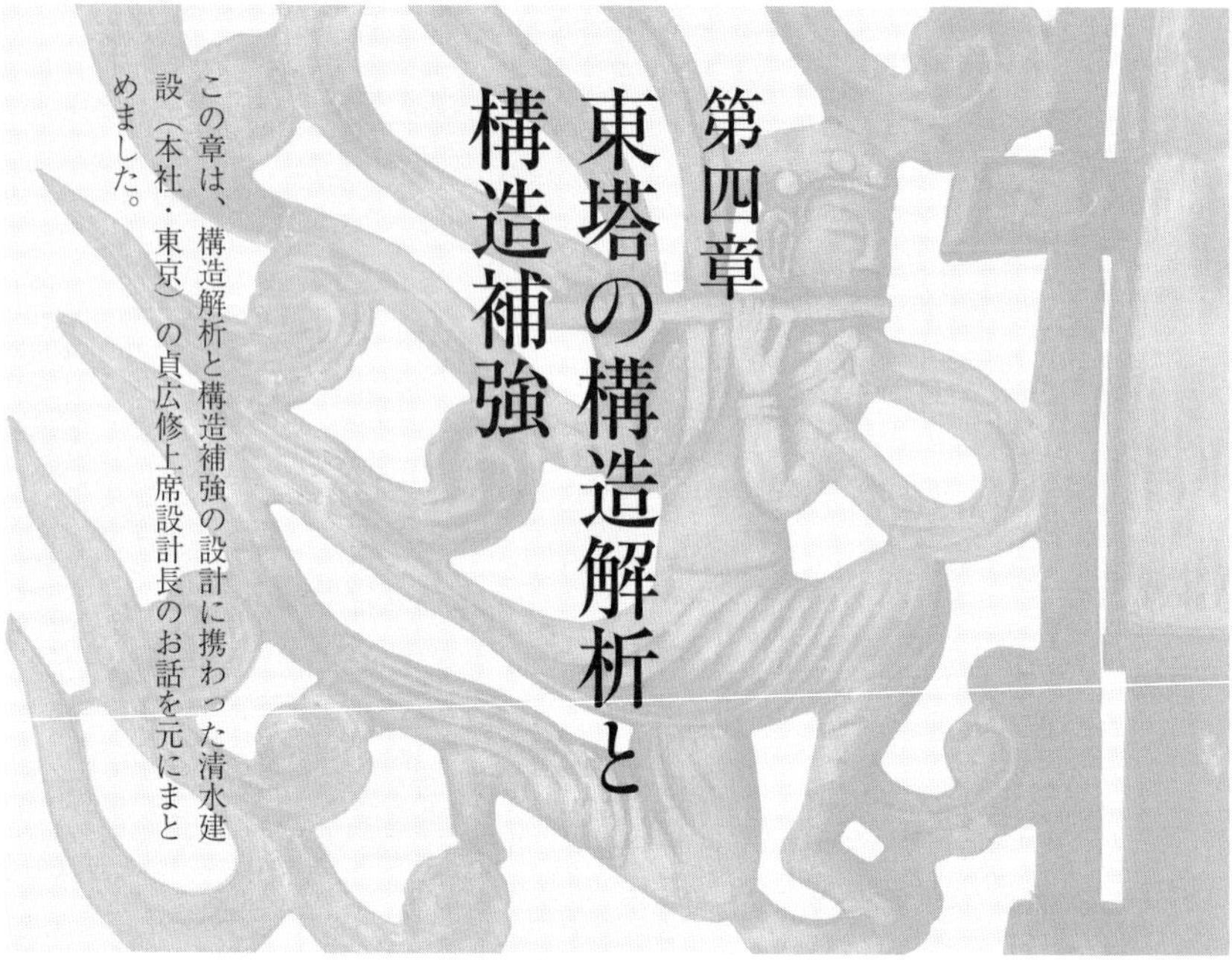

第四章 東塔の構造解析と構造補強

この章は、構造解析と構造補強の設計に携わった清水建設（本社・東京）の貞広修上席設計長のお話を元にまとめました。

東塔はなぜ揺れに強いのか

東塔は、三階建ての本体（本宇《ほんう》）があり、それぞれの下部に裳階《もこし》（飾り屋根）が取りついています。本体の屋根は大きく、軒が深くなっていて、瓦の重さがのしかかっています。

奈良県文化財保存事務所による解体前の調査が平成二一（二〇〇九）年夏から実施され、平成二二年二月一日に初重（一階）から三重（三階）までの外観が報道陣に公開されました。その時点での東塔は、まさに満身創痍でした。

それが大地震や台風で揺れたらどうなるのでしょうか？一般に仏塔は揺れに強いといわれますが、東京、浅草寺《せんそうじ》の五重塔は安政二（一八五五）年の大地震で、倒れこそしなかったものの、相輪部分が折れ曲がっています（現在の塔は戦後の再建）。また、大阪、四天王寺の五重塔は昭和九（一九三四）年九月二一日、室戸《むろと》台風に見舞われて倒壊しました。

建立から約一三〇〇年を経てなお、まっすぐ立っている薬師寺の東塔も、じつは塔頂部が東へ傾いていました。戦後、昭和二五～二七年に修理されたのですが、六〇年ほどで再び傾いたようです。それでも、過去いくつもの地震や台風が襲ってきたのですが、全壊・大破の記録はありません。

でも、その状態をいつまで保てるのでしょうか？　解体修理の機会に構造診断を実施し、その結果を元に補強を施すことになりました。修理にあたる奈良県文化財保存事務所は、清水建設にその業務を委託したのです。

構造診断は平成二二年度の地盤調査・解析、軒先《のきさき》垂下変形計測、常時微動測定に始まり、軒先載荷試験、木材強度試験など、平成二九年度まで八年がかりの取り組みでした。さまざまなデータを集めて、できる限り実際の塔の状態に近い解析モデルを作るのです。

地震や暴風による塔の揺れの解析を行うために解析モデルの精度を上げるのに重要だったのは①風洞実験、②常時微動測定、③軒先載荷試験の三つでした。

風洞実験

平成二四年二〜三月に清水建設の技術研究所で実施された実験は伽藍を含めた大掛かりなもので、文化財建築では初の試みでした。東塔とその周辺の建物の模型（七〇分の一）を作り、直径四メートルのファンでさまざまな方向から、強弱を変えて風を当てます。暴風が塔にどう影響するのかをシミュレートするのです。

模型の塔は高さ約四五センチ。金属の骨組みに木製の屋根や壁をかぶせました。塔だけの場合、実際の境内と同じように回廊や金堂などの模型を周囲に置いた場合に分け、センサーで風の力を計測したのです。

その結果、高層建物では普通、風の流れと直角の方向に風圧力がかかる傾向があるのに、東塔ではその傾向が少ないことがわかりました。屋根や裳階の形などが風の力を逃がす効果を上げているようです。また、塔の南西にある中門を開け閉めすると、同じくらいの高さにある初重への影響が大きくなりました。特に門を閉めたときに北風が吹くと、風の力が大きくなりました。

さらには、周囲に建物があることで、一定程度で吹き続ける風の力は軽減される一方、突発的な風の力はやや増すという結果も得られました。

常時微動測定

地震が起きなくても、地面は常に揺れています。海の波、風を受ける木々の動き、車、鉄道……。さまざまな原因で起きるわずかな揺れを測ることで、地震の影響を推定できるのです。平成二三年度に解体前の状態でこれを調べ、翌年にはさらに塔の先端にあった相輪《そうりん》、瓦などを除いた状態で実施しました。その後、三重が解体された時点でも調べています。

心柱《しんばしら》の最上部や中心部、裳階の床、屋根などに揺れを検知するセンサーをつけ、振動をコンピューターで解析しました。この結果、初重、二重、三重がそれぞれ違う方向に揺れる、複雑な動きをすることがわかりました。

軒先載荷試験

屋根に瓦が載ることで、それを支える構造部の木材にはどんな力が、どの方向にかかるのでしょうか。瓦が下ろされた状態で、二重と三重の屋根の軒先部分に、砂利袋の重しを載せ、屋根の上に置いたレーザー変位計でたわみ具合を測りました。一カ所に載せた砂利袋の重さは一・二二トンまたは一・八三トンでした。置いた場所はいずれも屋根の縁ですが、東の屋根の中間地点、東の屋根と南の屋根の交点など、いくつものパターンを試しました。

東西の平らな部分に、対称に砂袋を載せると、軒の下がりは均等になります。これはそれぞれの軒が天秤の効果で砂袋の重さに耐えた結果と考えられます。塔の屋根は古来から天秤作用で屋根瓦などの自重を支えていると考えられていました。ところが東側の屋根だけに砂袋を載せると、西側の屋根が上に持ち上がることがわかりました。これは天秤作用に加え、屋根を構成する木材が立体的に組み合わさる「トラス効果」が存在することの証拠です。解析モデルでも同じ現象を確認することができました。

地震・暴風による塔の揺れの解析

常時微動測定、軒先載荷試験、そして解体にともなう現地調査により、解析モデルの精度が向上しました。現地調査で塔の各所に認められた「圧痕」は、解析モデルの精度を上げるうえでとても重要な役割を果たしました。柱や垂木《たるき》、斗《ます》などは上からかかった重さの痕跡が木材のへこみとなって残されていました。これらを詳しく分析することで清水建設のチームは解析モデルの精度を上げることができたのです。

ここで作成された解析モデルを用いて地震、風および長期の軒の垂下を検証しました。特に地震に関して、木造の塔は「地震に強い」といわれていますが、今回の構造診断で、ある程度、説明がつくかもしれません。

過去に起きた東海・東南海・南海の三連動地震と、奈良盆地の断層による直下型地震について解析すると、奈良盆地地震のほうが激しく揺れること、いずれの場合でも心柱の上部の揺れが大きくて折れやすいことなどがわかってきました。いずれの場合も、初重、二重、三重は別々に揺れることがわかりました。初重が右なら二重は左、三重は右といった具合です。各重がばらばらに揺れることは、立てた鉛筆を倒すように全体が一瞬に一方向へ倒れることはないという証左でもありました。

東塔は、初重の上に二重、二重の上に三重を載せる「積み重ね構造」です。建物全体を支える通し柱はなく、各階の柱は上から下へ垂直方向につながるような位置には立っていません。二重内側の柱などは斜めに立っているので、上からかかる重さを下側へまっすぐ伝えてはいないのです。

そうした構造を支えるため、塔の真ん中から軒に向かって伸びて屋根を支える何本もの垂木の上には、柱盤《はしらばん》（土台）が置かれています。その上に柱を立て並べるわけです。これは二重も三重も同じスタイルです。

柱は横に揺れると、元に戻ろうとします。傾斜復原力です。それが、各階でそれぞれに働くので、ある方向からだけ、大きな力が初重から三重の全体にかかることはなく、免震・耐震上、絶妙なバランスを生み出します。

木造の塔が地震に強いといわれているとおり、過去において倒壊した事例がないのは、地震に共振しにくい構造であることが最大の要因といえるでしょう。

心柱の構造と強度

塔の中心を基壇から最上部まで通る心柱にも、三重より上にある青銅の飾り、相輪の根元にめり込みの跡がありました。過去の地震や台風で激しく揺れたとき、柱が相輪に激しくぶつかってできたようです。解析によれば、心柱も揺れで全体がたわんだり、蛇のようにうねったりすることがわかります。特に揺れが激しいのはやはり最上部で、将来、大地震がくれば、ここから折れる可能性が考えられました。

東塔の心柱は建立当初からある檜《ひのき》の柱（高さ一七メートル）に、約七〇〇年前のものという杉の柱（同一三メートル）を上に継いであります。継ぐことになった原因はわかっていませんが、相輪の根元から伝わった雨水で上部が腐朽したか、激しい揺れで折れたのではないかという推測もあります。檜ではなく杉にしたのは、檜を入手できなかったか、もしくは、杉のほうが軽いので、下部の心柱の負担を軽くできたからかもしれません。

上部の杉は今回、下部と接する部分を修理するため、一部が切り取られました。その強度試験を実施したところ、かなりの年月を経てもなお、十分な強度を持っていることがわかりました。檜の古材の強度はあちこちで収集されていますが、杉はデータがあまりないため、今回の東塔の結果は建築の研究のうえで大変貴重なものです。

構造補強の方針

これら構造診断の結果や、基壇の発掘を含む現場の調査を踏まえ、「耐震面では地盤を改善すべきだが、構造部は現状でも倒壊しない。ただ、長い期間荷重がかかることが若干不安なので、部分的な構造部の補強が必要だ」という結論が得られました。現代の技術で解決すべき主な課題は、

①心柱上部と下部をつなぐ、継ぎ手の強化

②初重、二重、三重の屋根の重みを軽減する明治時代の補強材である桔木《はねぎ》（丸桁桔《がぎょうばね》）の強化

③裳階を下支えする腰組《こしぐみ》にかかる、重量の軽減

④心柱最下部の健全化

⑤基壇の新たな強化策

でした。

（取材・構成　朝日新聞社）

第五章　解体から再組み立てまで

解体修理前の調査

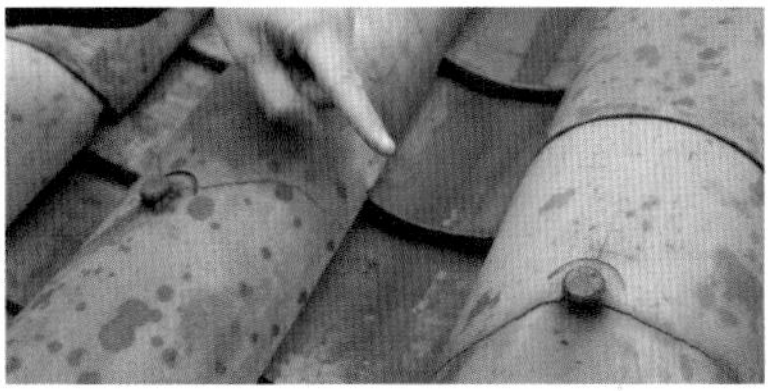

割れた丸瓦。解体前の調査でも多くの瓦の破損が確認された（2010年2月1日撮影）

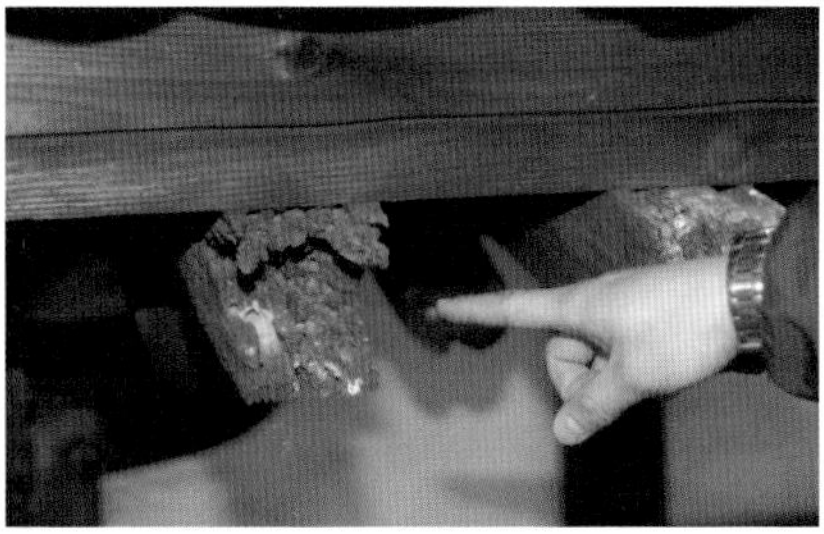

損傷が著しい垂木（2010年2月1日撮影）

裳階の欄干は痩せや虫食いがあった（2010年2月1日撮影）

解体

東塔から竜車を取り外す。手前は先に取り外された宝珠（2012年6月4日撮影）

作業現場となる覆屋は塔の北側で部分ごとに作られ、徐々に塔を覆っていった（2012年2月6日撮影）

瓦を一枚ずつ外す。時代ごとに分類され、再利用可能なものは再び屋根に戻された（2012年9月14日）

この章の写真、断りのないものはすべて朝日新聞社

清水建設による計測

平側対称載荷試験（東と西、南と北の正面に1.22トンの重しを置く）、隅部対称載荷試験（南東隅と北西隅、北東隅と南西隅に1.22トンの重しを置く）、平側片側載荷試験（東・西・南・北の各正面に1.83トンの重しを置く）を行った。写真は北東隅・南西隅の隅部対称載荷試験の様子（2012年12月18日撮影）

解体前の計測の様子。屋根、組物など各所に置いた振動センサーからデータを拾う（2012年12月11日撮影）

常時微動の調査。解体途中での計測。屋根に計測機を設置（2013年9月19日撮影）

清水建設による揺れの解析　暴風シミュレーション

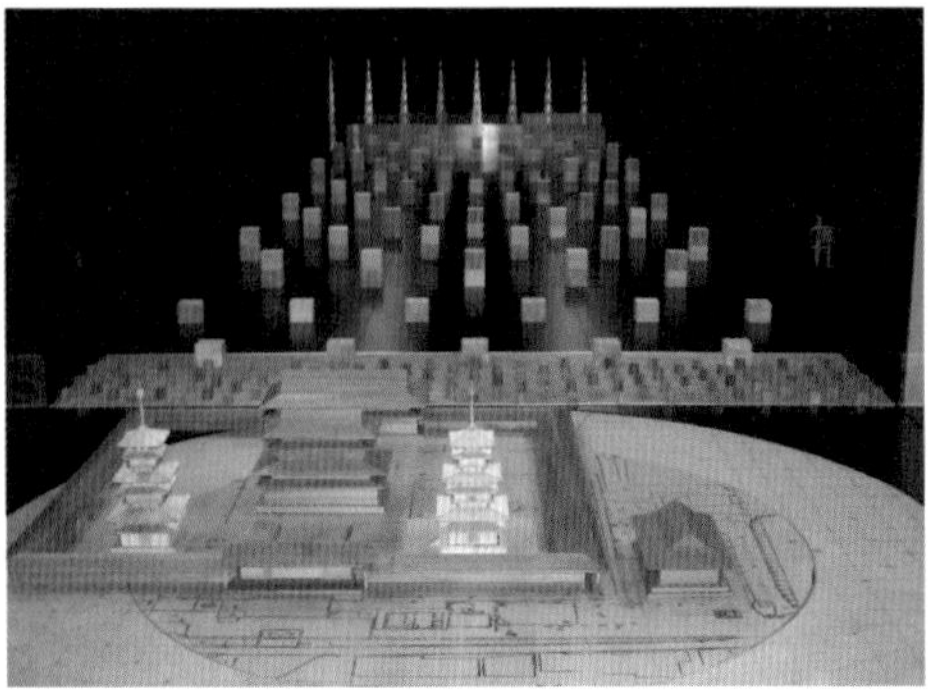

東塔だけでなく周辺の建物を含めて模型を作り、さまざまな方向から風洞実験を行って、暴風の塔への影響を計測した（奈良県文化財保存事務所提供、次ページの図版すべて同じ）

解析結果と補強方針

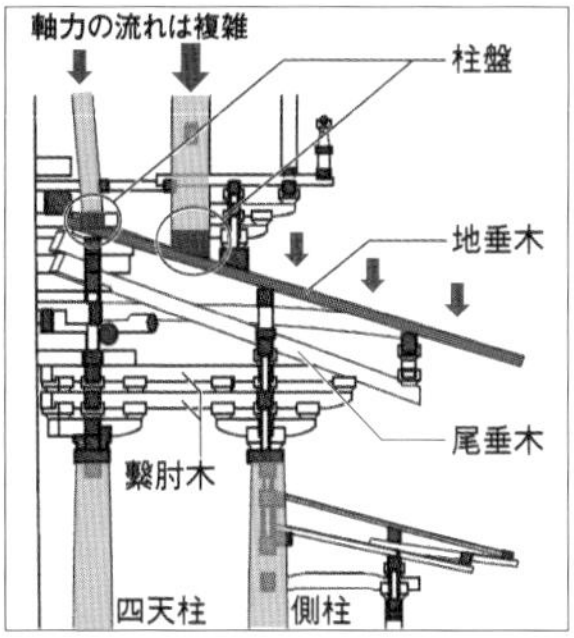

積み重ね構造をもつ東塔の重さのかかり方。地震などの揺れには各階が独自に動き、一瞬で一方向に倒れることがない

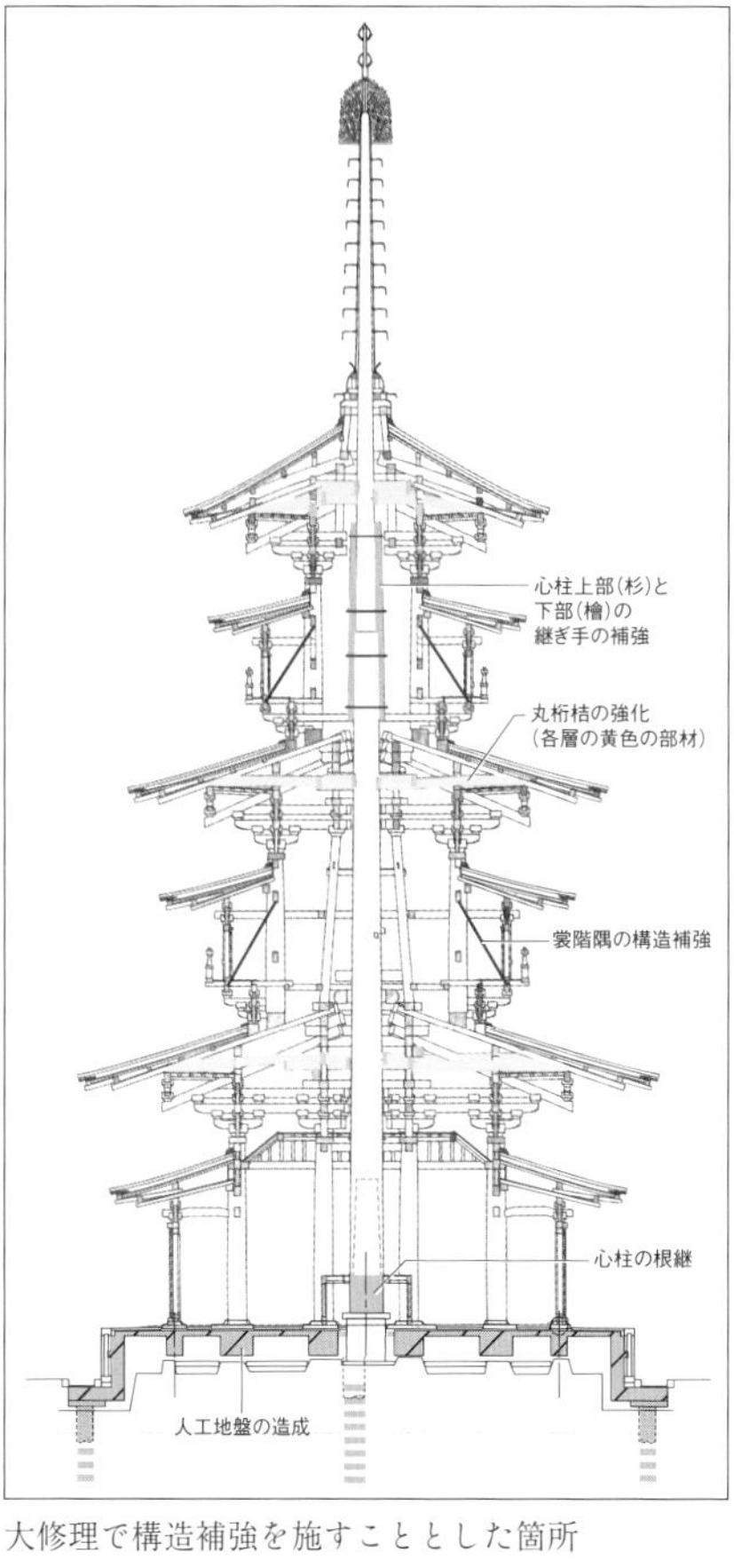

大修理で構造補強を施すこととした箇所

揺れのシミュレーション

(1～8は揺れの発生順)

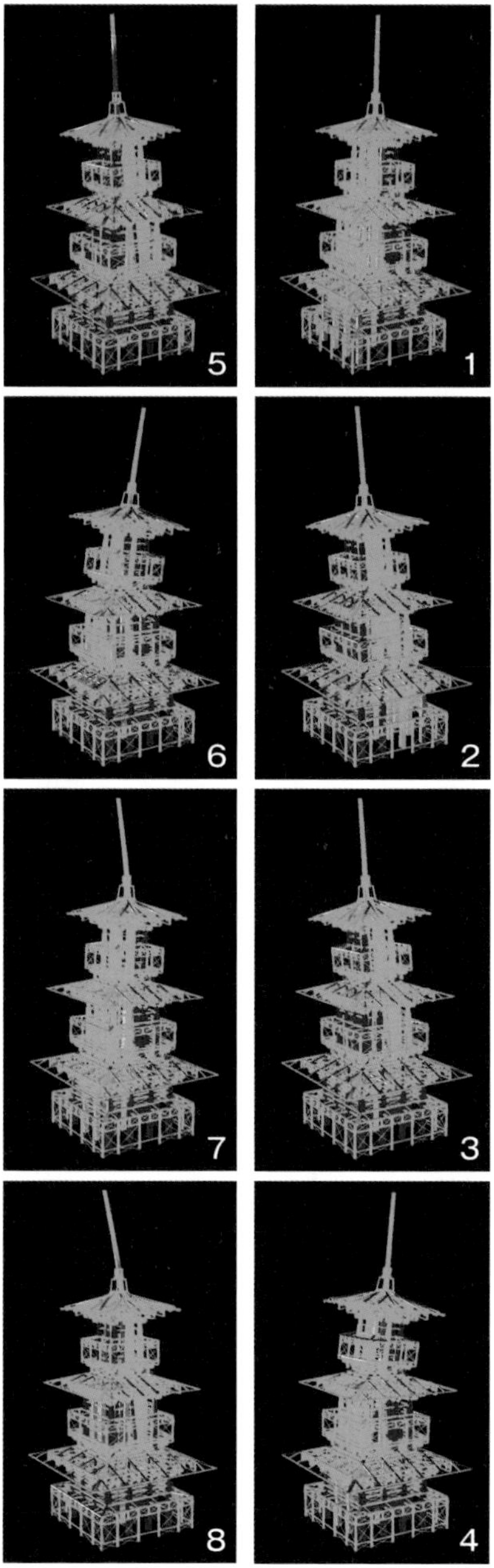

三重

三重の化粧裏板を外すと地垂木が現れた（2013年3月13日撮影）

明治に組み入れた丸桁桔（中央2本とその上にX字状に組み入れられた材）がよく見える（2013年5月8日）

三重の地垂木を外す（2013年5月8日撮影）

「大工　瀧川昭雄　十九才」銘は瀧川寺社建築の瀧川会長のもの。昭和戦後の修理の痕跡（2013年5月17日撮影）

解体時に大きく曲がって出てきた古い釘（2013年5月17日撮影）

三重・二重

三重の丸桁と組物の間には小さな板がいくつもあった。修理で隙間を埋めたらしい（2013年6月18日撮影）

破損箇所の補修。三重の尾垂木の上に載る四角い部材は隙間にはめ込んだだけで、釘などでは固定されていなかった（2013年5月21日撮影）

二重の解体。釘を抜くため赤い小型ジャッキを用い木材を浮かせる（2013年4月8日撮影）

三重裳階の屋根先を下支えする茅負は、複雑な継手で部材を繋いでいた（2013年7月31日撮影）

二重の組物。重量を受ける斗などには硬い欅材を用いる箇所もあった（2014年1月8日撮影）

二重・初重

二重では心柱を貫く短い貫で支える工夫をしていた（2014年2月19日撮影）

初重の柱の上の台輪には長年の圧痕がくっきりと残されていた（2014年7月31日撮影）

初重裳階の柱脚と地覆。柱脚は風雨と虫害でボロボロだった（2014年7月30日撮影）

初重は台輪を太い和釘で留めていた。呼吸を合わせながら釘を抜く（2014年7月31日撮影）

初重から外された和釘は50センチ前後のものもあった（2014年8月27日撮影）

初重

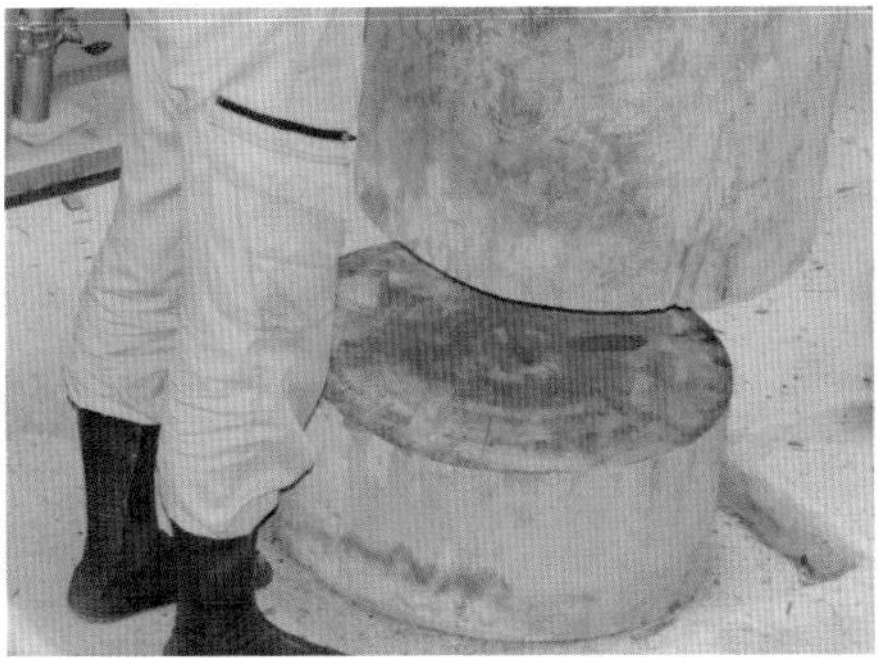

側柱に施されていた根継（2014年8月28日撮影）

墨書のある根継も。根継はすべて明治の修理で施された（2014年8月28日撮影）

初重側柱解体の様子（2014年8月28日撮影）

初重天井に残る当初の彩色は顔料の化学分析も進められた（2015年1月15日撮影）

心柱の解体

須弥壇内、心柱の底部。江戸時代に腐朽した心柱の根元を切除し根継石を組み入れた（2014年4月8日撮影）

心柱をクレーンで吊り上げてみると、底部に腐朽による空洞があることがわかった（2014年4月25日撮影）

柱盤は根継石にのる部分にくぼみ加工が施されていた（2014年9月9日撮影）

心柱の欅製の柱盤を外す。明治の修理で根継石の上に置かれた（2014年9月9日撮影）

腐朽部分の修理

人ひとりがようやく入れるほどの空間で電動工具を使って腐朽部分を削り出す（2015年9月4日撮影）

階段状に削られた心柱底部。ここへ根継材を差し込む（2015年10月5日撮影）

心柱の根継材は階段状に少しずつ削られていった（2016年2月19日撮影）

根継模式図

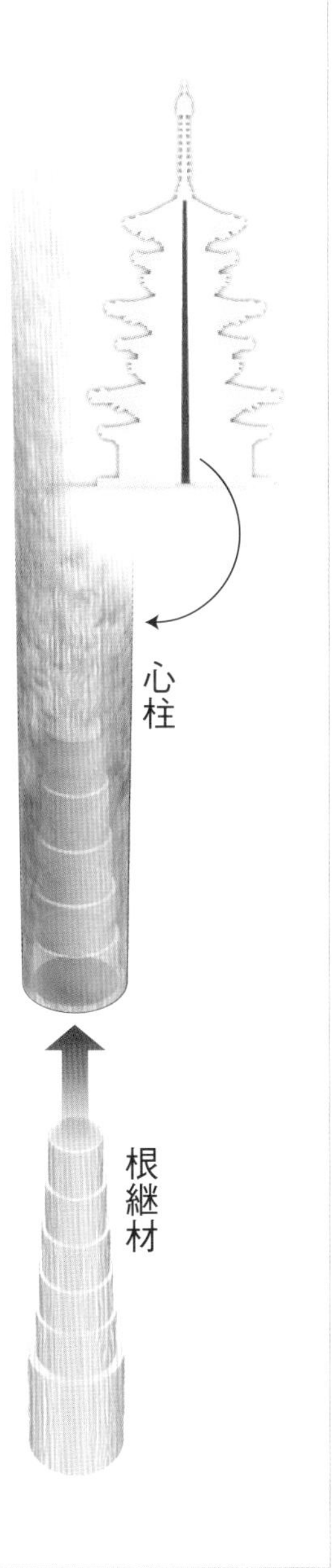

立柱式と上部接続

新基壇の中心に檜材の心柱を設置する立柱式の様子
(2017年1月9日撮影)

新基壇中央に開けられた元の心礎の上に根継石を据え直して、立柱式散華(2017年1月9日撮影)

心柱を心礎の上に移動させる(2017年1月9日撮影)

檜材の心柱下方と杉材の心柱上方の接合部分。四方から添え木をあてがい、ボルトや和釘で固定し補強
(2018年5月8日撮影)

心柱上方の立柱式。法要と散華ののち、大勢が見守るなか、心柱の上方と下方が接合(2018年5月8日撮影)

古代の道具の復元、部材を活かす工夫

復元された古代の手斧《ちょうな》。奈良県文化財保存事務所から高木順一さんに送られた木型と、それを元に打った手斧。新潟県長岡市の高木製作所で（2015年7月23日撮影）

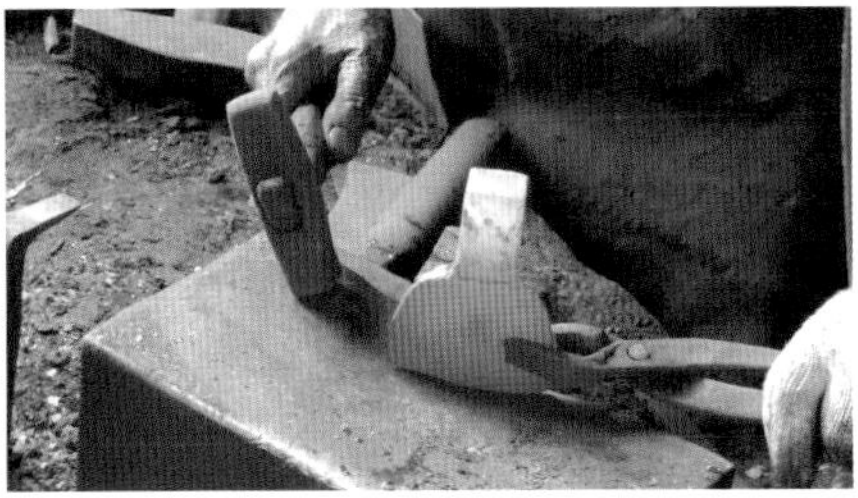

高温で真っ赤になった地金を手斧の形に整えていく。高木製作所で（2015年7月23日撮影）

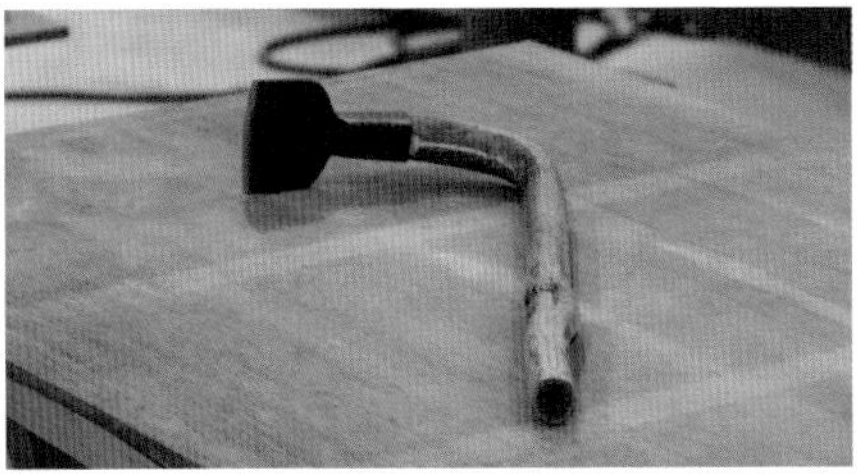

柄を付けた手斧（2015年8月17日撮影）

斗の腐朽部分を新しい材で埋める（2016年5月13日撮影）

古代と同じ鐁《やりがんな》を用いて斗を削る（2016年10月3日撮影）

部材ごとに整理保管され、傷んでいたものは別材で補われた（2016年5月13日撮影）

基壇

四天柱を残しすべての側柱を外したところ、礎石の沈下が明確に（2014年9月5日撮影）

杭は専用の機械で少しずつ地中に打ち込まれた
（2016年6月8日撮影）

新しい基壇に打ち込まれる杭を現場に搬入する
（2016年6月1日撮影）

初重

新基壇に設置する柱の根継のため、高さを調節して仕上げる（2016年12月20日撮影）

根継材を柱に差し込む（2017年2月15日撮影）

初重の柱が１本また１本と据えられていく（2017年2月17日撮影）

新しい基壇に側柱を据える（2017年2月15日撮影）

初重・二重

屋根の構造部の組み立て（2017年7月13日撮影）

立てた柱に貫（横の材）を通していく（2017年2月21日撮影）

二重裳階の組み立て。上奥は側柱に乗る二重本体の組物（2017年10月13日撮影）

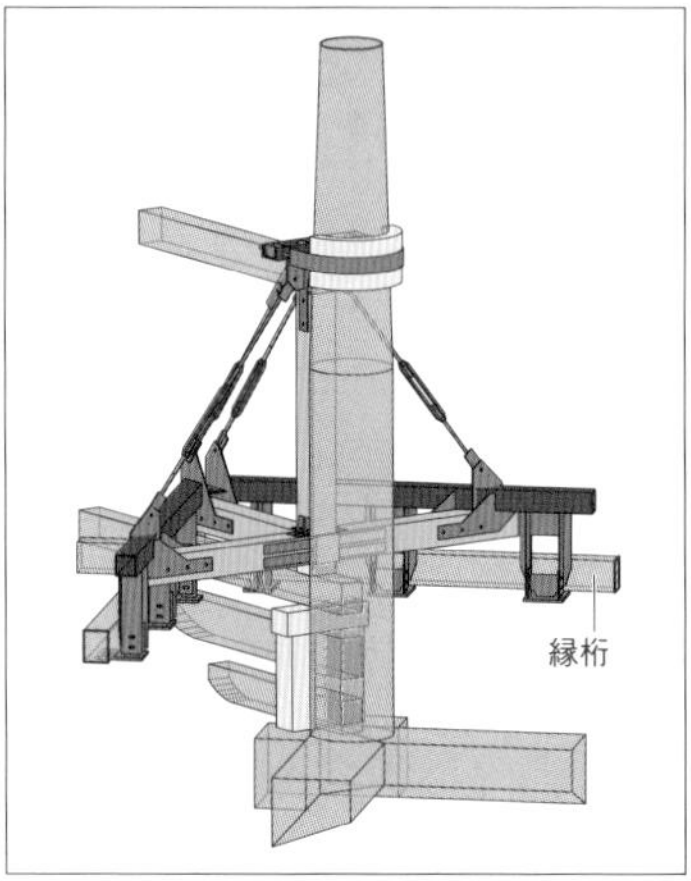

裳階の重さを軽減するために考案された補強のしくみ。縁桁を下から支え柱に重さを預ける（奈良県文化財保存事務所提供）

二重・三重

三重の屋根まで組み立てが進み、最上部の相輪や水煙の据え付けを待つ（2018年10月29日撮影）

二重本体の屋根が組み上げられていく
（2018年1月12日撮影）

三重の屋根に瓦が葺かれると、重厚さが戻ってきた（2018年12月7日撮影）

屋根から外された鬼瓦。瓦は傷みやすく、何度か葺き替えられた。鬼瓦は時代によりデザインが異なり、個性的だ
（2015年10月5日撮影）

初重の壁を、わらをすきこむようにして塗っていく（2018年12月7日撮影）

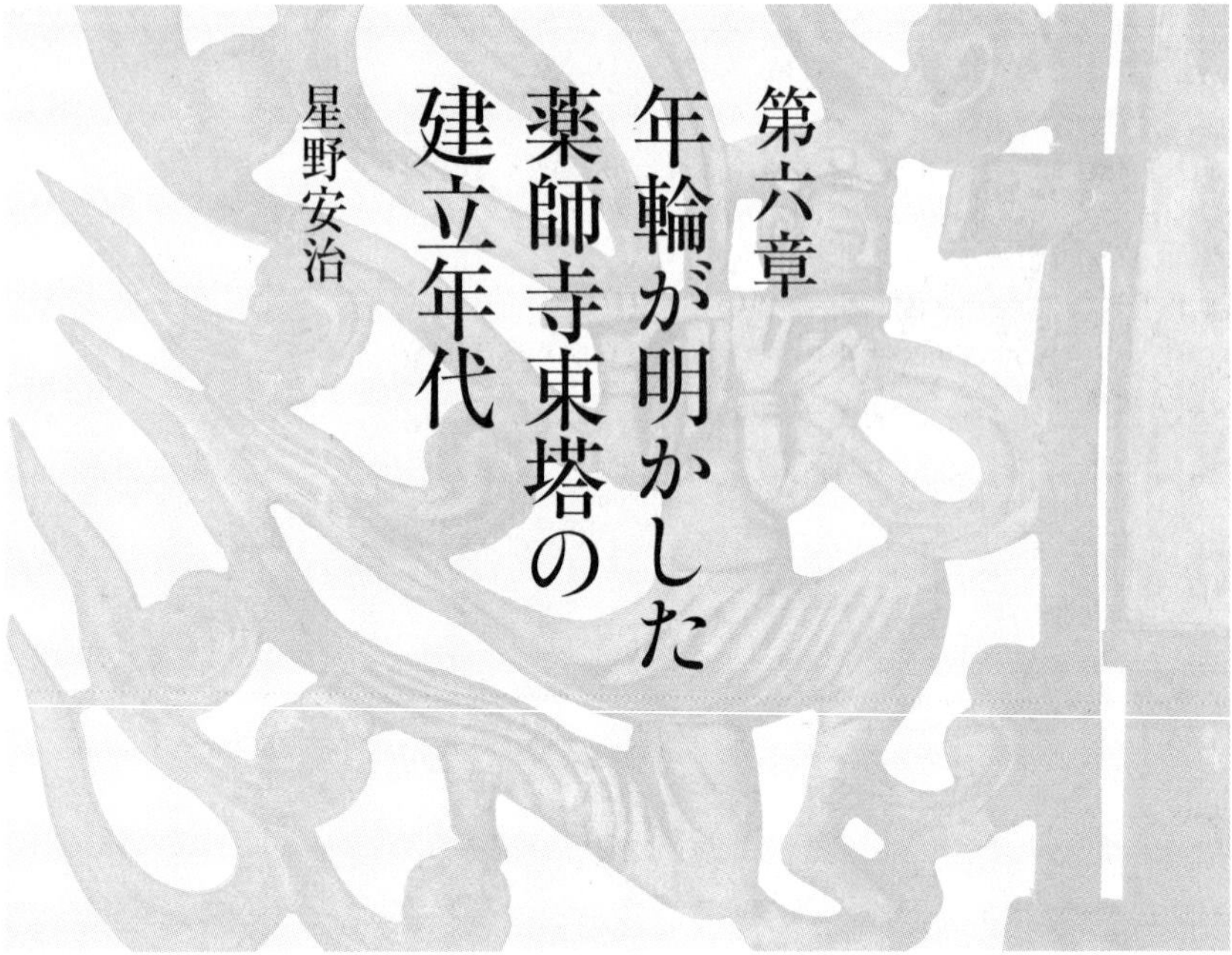

第六章 年輪が明かした薬師寺東塔の建立年代

星野安治

はじめに

国宝薬師寺東塔（以下、東塔）は、薬師寺が藤原《ふじわら》京から平城《へいじょう》京へ移されてから現在まで伝わる貴重な建造物です。東塔では、平成二一（二〇〇九）年から奈良県教育委員会文化財保存事務所によって解体修理が行われました。これに伴い奈良文化財研究所（以下、奈文研）では、東塔の建立《こんりゅう》年代および建立後の修理の経過を推定する資料を得ることを目的とした年輪年代調査にあたりました。平成二八年末には、薬師寺・奈良県からの依頼を受ける形で、中間成果について記者発表を行いました（同年一二月二〇日付朝日新聞朝刊ほか）。本章では、この記者発表の際の基礎データ（星野安治ほか　二〇一七）をもとに、これまでに明らかとなった東塔の建立当初と考えられる木部材の年輪年代測定成果をご紹介します。

東塔は移建か非移建か

薬師寺の創建は、『日本書紀』では天武《てんむ》天皇九（六八〇）年に、皇后（のちの持統《じとう》天皇）の病気平癒《へいゆ》を祈願して発願したとされ、藤原京右京八条三坊（奈良県橿原市城殿町《きどのちょう》）の地に造営されました。『続日本紀』では、文武天皇二（六九八）年に薬師寺の構作がほぼ終わったことが記されており、七世紀末ごろにはおおむね伽藍《がらん》ができていたと考えられています。この藤原京にあった薬師寺は、現在、金《こん》堂《どう》と東西両塔の土壇や礎石などが残り、本薬師寺跡として特別史跡に指定されています。

和銅三（七一〇）年の平城遷都に伴い、薬師寺が藤原京から平城京右京六条二坊（奈良市西ノ京町）の現在の地へ移されたのは、『薬師寺縁起』では養老二（七一八）年とされています。この平城京での薬師寺の造営については、境内《けいだい》地の発掘調査において造営工事に関係するとされる井戸（SE037）から、霊亀二（七一六）年の年紀を持つ木簡が複数出土し（奈文研編　一九八七）、また『続日本紀』養老三（七一九）年三月辛卯（二日）条からは、この年に造薬師寺司《ぞうやくしじし》に史生《ししょう》二人が置かれたことが知られています。これらのことから、平城京の薬師寺の造営工事が、このころに継続して行われていたと推察されています。

東塔の建立年代は、『扶桑略記』天平二（七三〇）年三月二九日条の「始建㆓薬師寺東塔㆒」という記述にもとづく見解が一般的です（『七大寺年表』にも同内容の記事があります）。ただし、建物自体については藤原京の本薬師寺から移建された可能性も含めて、さまざまな議論がなされてきました。

平城京の薬師寺が、藤原京の本薬師寺から移建されたのではないかという論考は、建築史学者の関野貞《ただし》によって、明治三六（一九〇三）年に発表されました。それ以降、建築史学、美術史学、日本史学、考古学を巻き込んだ長年の論争となり、さまざまな学説が出されてきたのです。今回の解体修理では、年輪年代測定により東塔が藤原京の本薬師寺から移建されたのか、それとも移建されたのではなく平城京の現在の地で新築されたのか、決着がつくのではないかと期待されていました（鈴木嘉吉　二〇〇八）。

年輪年代学とは

年輪年代学では、木の年輪が形成された年を一年という高い時間分解で誤差なく明らかにすることができます。年輪が木の断面に刻まれる同心円状の縞模様であることは比較的よく知られていると思います。温帯に生育する樹木は、春から秋にかけて成長し、冬には成長を停止します。樹木は縦方向に伸びる成長もしますが、横方向に肥る成長もします。このことで、樹木は一年に一層の年輪を樹皮直下に形成するのです。年輪の形成は、気候などのさまざまな影響を受けながら年ごとに変動しており、その変動には樹種や地域ごとに類似性が認められます。この年輪変動の類似性をクロスデーティングと呼ばれる手法を用いて照合することで、年輪年代学では一年という高い精度で誤差のない年代測定が可能となるのです。

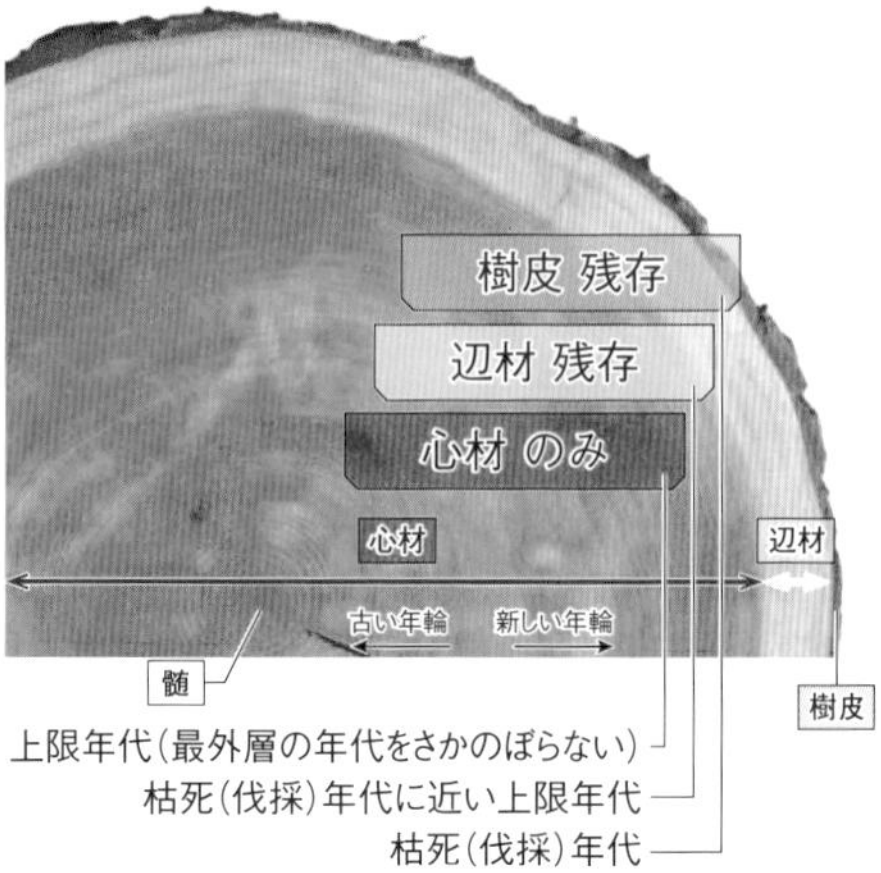

図6-1　調査対象の形状と調査対象に残る最外層の年輪年代の解釈

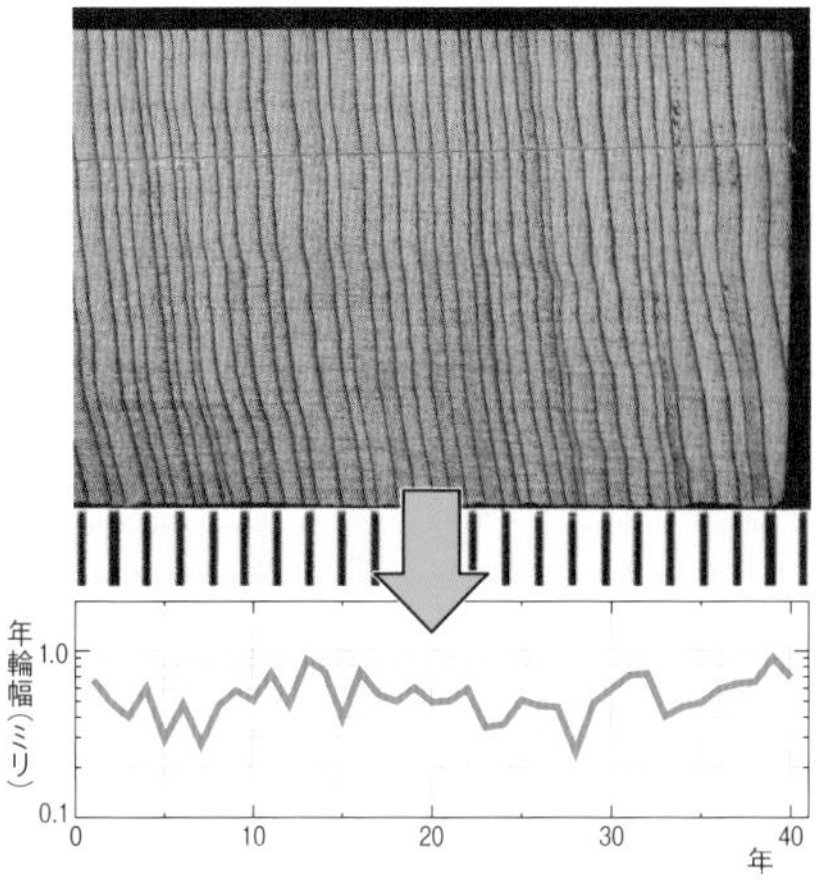

図6-2　年輪計測画面（上）とその年輪曲線（下）。各年輪幅を0.01ミリ精度で計測し、グラフにする

自然科学的な年代測定にはさまざまなものがありますが、年輪年代学で得られる一年という精度は他の方法と比べても際立って高く、人間の活動による時間オーダーでの議論に非常に有効なものとなっています。そのため年輪年代学は、世界各地で木質文化財の年代測定や、放射性炭素年代測定の暦年較正曲線作成において、正確な暦年代を提供するという重要な役割を果たしてきました。

日本産樹木でも、一九八〇年代にヨーロッパと同様の手法を用いたクロスデーティングが可能であることが示されました（光谷拓実　一九八七）。そして、ヒノキ科樹種やコウヤマキといった歴史的に木材として多用されてきた樹種を用いて、暦年代測定のものさしとなる標準年輪曲線の構築が進められ、さまざまな木質文化財の年輪年代測定が行われてきました（奈文研編　一九九〇）。歴史的建造物でも、たとえば現存する世界最古の木造建造物群とされる法隆寺西院伽藍《さいいんがらん》の年輪年代測定（光谷拓実ほか　二〇一〇）など、多くの成果があがっています。

東塔での調査の方法

それでは東塔で行った具体的な調査の進め方を見ていきたいと思います。まず、年輪年代測定の調査対象になりうる木部材の選定を行いました。年輪が多く刻まれているか、

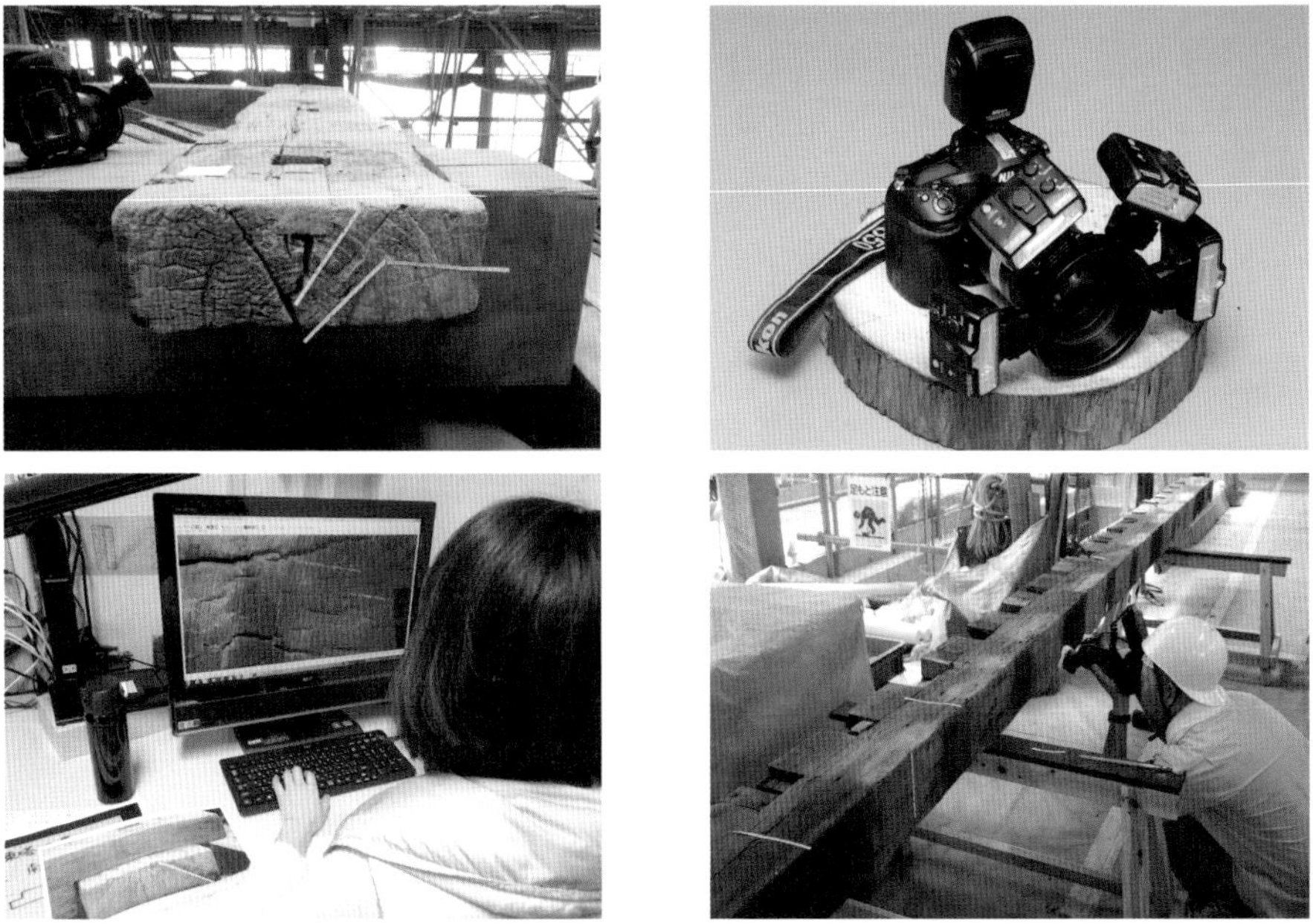

図6-3　年輪年代調査用のカメラセット（右上）。木口面もしくは柾目面をスケールとともに接写撮影する（左上）。解体修理現場での接写撮影風景（右下）。撮影した接写写真を研究室でコンピュータを用いて計測（左下）

また、横断面（木口《こぐち》）もしくは放射断面（柾目《まさめ》）が露出し、年輪が明瞭に観察できるかを基準にして選定を進めました。調査対象にした木部材の数は、総計三〇〇点にのぼります。

選定に際しては、辺材や樹皮の有無についても注視しました。年輪年代測定では、年輪一層一層が形成された年が一年の精度で誤差なくわかるのですが、調査対象となる部材は原木を加工したものなので、外側がどのくらい削り取られているかによって、得られた年代の解釈が変わってくるのです［図6-1］。そのため、辺材や樹皮の有無は、重要なポイントとなります。調査対象に幸いにも樹皮が残存する場合、樹皮直下の年輪年代は原木の枯死（伐採）年となりますし、木の外側の部分である辺材が残存する場合、最外層の年輪年代は伐採年に近い上限年代（その年をさかのぼらない年代）と解釈できます。また、調査対象が建築部材のような人工物の場合、その製作年は最外層の年輪年代以降ということになるのです。

58ページに、年輪計測画面と、その年輪曲線を例示します［図6-2］。年輪計測画面を見ると、年輪が年ごとに広かったり狭かったりする様子がわかります。この年輪の幅を、一層ずつ〇・〇一ミリ精度で計測し、グラフに示すような年輪曲線にして、年輪変動の類似性を比較するのです。

今回の調査では、解体修理現場で木部材の木口面もしくは柾目面の接写写真を撮影し、研究室でコンピュータを用いて年輪幅を計測する方法をとりました［図6‐3］。クロスデーティングは、年輪曲線グラフの目視評価と統計評価（Baillie and Pilcher 1973）をあわせて行い、各部材の年輪曲線間を相互に照合するとともに、標準年輪曲線群（前出、奈文研編　一九九〇）とのクロスデーティングにより、年輪年代を特定しました。なお、調査した木部材は、接写写真で観察される仮道管、樹脂細胞などの状況から、すべてヒノキ科樹種であると考えられます。

東塔木部材の年輪年代測定

61ページに、東塔木部材の年輪年代測定結果を示します［図6‐4］。この図では、クロスデーティングにより年輪年代が確定したそれぞれの木部材に刻まれている年輪の年代範囲をバーチャートで示しています。樹皮が残存しているもの、辺材が残存しているもの、樹皮・辺材とも確認できないものを色分けし、より新しい年輪が刻まれているものから順に並べて表示しています。ところで余談になりますが、このバーチャートでは年代だけでなく木部材に刻まれる年輪数も示されているので、東塔には四〇〇年を超えるような高樹齢の木材も使われていることがわかります。

これまでに、東塔の建立当初と考えられる七三点の木部材について、年輪年代が明らかになっています。なかでも、伐採年を直接的に示す樹皮残存部材の年輪年代が二点特定され［図6‐5］、これらの最外層の年代は、一点が七二九年、もう一点が七三〇年（晩材形成）でした。

また、樹皮は残存しないものの、木の外側の部分である辺材が残存する木部材の年輪年代も一一点、特定されました［図6‐6］。辺材の認定は、心材との色調や劣化の差、虫喰いの状況などを肉眼で観察し、判断しています。辺材が残存する木部材の最外層の年代は、六五一～七二〇年でした。これら辺材が残存する木部材に使われた原木が伐採されたのは、最外層の年代以降、それほど経たない年代と解釈されます。

辺材が残存する木部材について、より詳細に見ていきましょう。最外層の年代が八世紀である木部材には、すべて辺材が残存していることがわかります。また、辺材の残存幅をみると、最外層が六九二年以降の辺材残存部材は一四～二四ミリと、より多く辺材が残存しているのに対し、最外層が六五一～六七一年の辺材残存部材に残る辺材幅は五～八ミリで、より外側が取り去られていると推察されます。これらのことから、辺材が残存する部材の伐採年は、樹皮が残存する木部材の年代に比較的近い年代であったと考えられます。

試料 #		部材名		計測年輪数	年輪年代	t値	辺材・樹皮
166	初重	支輪裏板	北面 西より 8	241	730	9.2	樹皮残存
201	初重	支輪裏板	東面 南より 12	220	729	7.4	樹皮残存
259	二重	二段目肘木	ろ二～ほ二	234	718+2	6.7	20㎜
186	二重裳階	肘木	い三 南北方	239	719+1	5.4	17㎜
011		心柱	下	323	711+8	8.1	24㎜
185	初重	尾垂木掛	に三～に四	332	710+2	6.0	15㎜
067	三重	地垂木	南面 西より 5	145	692+17	6.9	15㎜
189	初重	一段目小斗	ろ二 東	321	698+9	8.7	14㎜
136	二重	三段目肘木	ろ五～は四 隅行方	402	692+11	9.1	20㎜
004	三重	軒天井桁	ろ二～ろ五	270	657+35	10.1	20㎜
162	初重	地垂木	東面 南より 43	150	688	5.2	-
239	三重裳階	腰組一段目肘木	は又一 東西方	196	686+1	7.2	-
150	二重	地垂木母屋束	ほ二 西	233	655+25	7.1	-
038	三重	飛檐垂木	南面 西より 25	125	670+1	6.9	-
206	初重	支輪裏板	西面 南より 19	215	671	8.6	8㎜
129	二重裳階	地軒化粧裏板	北面 西より 25	435	668+1	8.7	7㎜
251	初重	側柱	ろ四	450	667+1	8.4	-
217	初重裳階	頭貫	い一～に一	232	661+1	6.3	-
089	三重	軒天井組子	西面 い～ろ一 S3W1	118	651	9.6	5㎜
147	二重	地垂木掛	に三～に四	166	648	8.9	-
034	三重	一段目小斗	又は五 東	189	644+4	7.2	-
175	初重	地垂木	東面 南より 8	204	640+3	6.8	-
117	三重	軒天井組子	北面 へ一～二 W4	112	640+1	6.3	-
100	三重	軒天井組子	南面 い五～六 S1	137	640	7.8	-
044	三重	飛檐垂木	西面 南より 3	199	637+1	10.0	-
138	二重裳階	地軒化粧裏板	北面 西より 24	294	638	7.1	-
197	初重	四天柱	に三	147	630+5	9.5	-
158	二重	丸桁	い一～い六 西方	135	630	9.9	-
255	初重	四天束盤	は四～に四	337	623+3	6.0	-
254	初重	四天柱	に四	229	622+2	10.7	-
167	初重	地垂木	南面 西より 13 下	245	622+2	7.9	-
256	初重	側柱	ろ五	153	619+4	5.0	-
087	三重	軒天井組子	西面 い～ろ一 W4	86	621+1	7.4	-
018	三重	三手先小斗	ほ一 中	150	619+1	7.5	-
015	三重	尾垂木	ろ一	409	605+15	9.0	-
093	三重	軒天井組子	西面 い～ろ一 S3W2	77	619	6.3	-
091	三重	軒天井組子	西面 い～ろ一 S1	194	618	7.2	-
215	初重裳階	繋虹梁	に一～に二	323	614+4	6.8	-
171	初重	地垂木	西面 南より 40	219	613+2	9.5	-
066	三重	地垂木	南面 西より 27	164	609+2	8.2	-
160	二重	丸桁	い六～へ六 南方	205	606+1	8.6	-
249	初重	側柱	は五	261	596+7	6.6	-
051	三重	地垂木	南面 西より 17	208	598	10.0	-
095	三重	軒天井梁	ほ六～ほ五	253	593+2	6.3	-
112	三重	軒天井組子	東面 ほ～へ六 S1	133	592	6.9	-
116	三重	軒天井組子	北面 へ一～二 S2W2	152	588+1	8.2	-
199	初重	四天柱	は三	208	585+2	7.8	-
250	初重	側柱	ろ二	293	585+1	11.0	-
048	三重	地垂木	南面 西より 24	99	585	7.0	-
207	初重	側柱	ほ五	166	584+1	6.9	-
114	三重	軒天井組子	北面 へ一～二 W3	150	583+1	7.2	-
088	二重	丸桁	い一～へ一 北方	156	579	8.9	-
082	三重	地垂木	西面 南より 6	126	556+21	6.5	-
191	初重	側柱	ろ三	340	559+17	5.1	-
298	初重裳階	裳階柱	は一	116	573+2	9.7	-
204	初重	側柱	に二	371	572+3	9.4	-
020	三重	三手先小斗	い二 西	107	571+3	7.3	-
198	初重	四天柱	は四	245	571	7.5	-
290	初重	軒天井桁	ほ二～ほ五	154	558+4	8.4	-
119	三重	軒天井組子	西面 ろ～又は一 S1	165	559	9.0	-
182	初重	地垂木	南面 西より 11	221	559	7.5	-
169	初重	地垂木	西面 南より 42	221	556	8.9	-
194	初重	側柱	は二	253	547+6	11.9	-
165	初重	地垂木	南面 西より 4	164	546	9.5	-
196	初重	側柱	ほ四	347	527+18	7.5	-
187	初重	三段目肘木	ほ五～に四 隅行方	100	531	7.4	-
248	初重	側柱	ほ二	294	526+4	11.1	-
124	三重	軒天井組子	北面 へ五～六 W2	97	529	7.2	-
208	初重	側柱	に五	313	524+1	7.1	-
131	二重	大斗	は四	213	504+4	8.1	-
203	初重	側柱	ほ三	166	506+1	6.7	-
113	三重	軒天井組子	東面 ほ～へ六 S3	151	501+1	7.2	-
299	初重裳階	裳階柱	に六	147	497+4	5.9	-

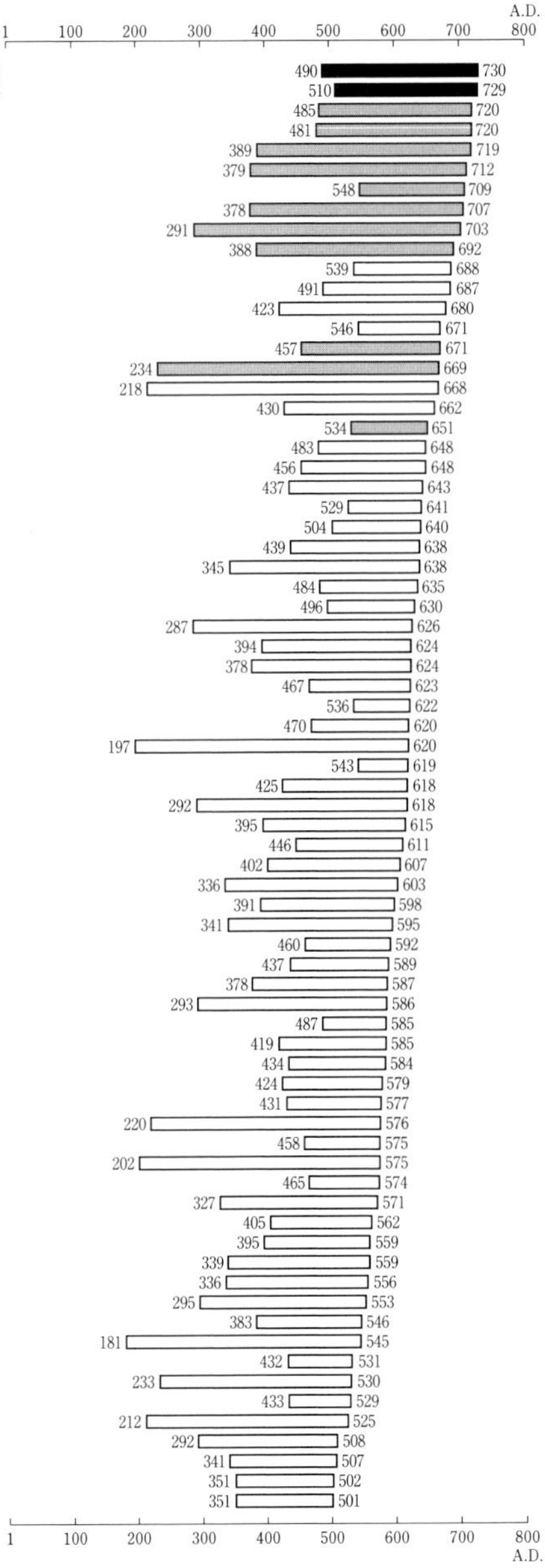

図6-4　薬師寺東塔木部材の年輪年代測定結果

＋：年輪幅を計測できないが外に計数できる年輪数、t 値：標準年輪曲線に対する t 値

■樹皮残存　▩辺材残存　□樹皮・辺材とも確認できない

星野ほか　2017をもとに作成

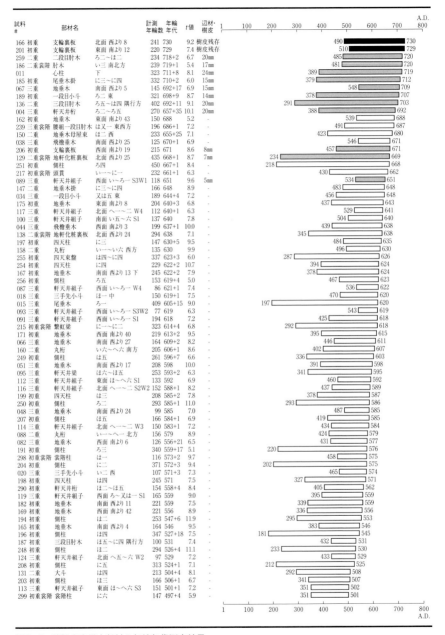

図6-5　薬師寺東塔初重支輪裏板（矢印は樹皮が残る箇所）。年輪年代測定によって729年（左）、730年（右）という伐採年が特定された

図6-6　辺材が残り年輪年代が特定された薬師寺東塔二重裳階肘木（矢印は辺材が残る箇所）

図6-7　薬師寺東塔心柱の年輪年代調査（右上：上端の目視による観察、写真・花咲裕。 左上：指しているところが年輪計測の箇所。右下：年輪計測画面。左下：上部の針の当たっているところが年輪計測箇所、側面の針の部分は最外層）

辺材が残存しないこのほかの六〇点の伐採年については、各部材について得られた最外層の年代をさかのぼりえないことを示しますが、上記の樹皮または辺材残存部材の成果と矛盾せず、一連の建立当初部材と考えるのが妥当であるといえます。

年輪年代から見える東塔建立の経緯

今回の年輪年代測定で、伐採年が明らかとなったのはいずれも初重の支輪裏板です。これらは彩色画が残る木部材で、建立の最終局面に取り付けられたと考えられます。これらの木部材から七二九年および七三〇年という伐採年が得られたことは、『扶桑略記』などの天平二（七三〇）年に東塔が建ったという記述と非常によく整合するといえるでしょう。

ただし、伐採年が七三〇年だとわかった木部材には、その年の秋ごろに形成される晩材がありました。ですので、より厳密にいうと、この支輪裏板に使われた原木が伐採されたのは、七三〇年秋から翌年の年輪が形成され始める七三一年春までの間、ということになります。『扶桑略記』などの記述で東塔が建ったとされているのは天平二年の三月ですので、このときにはまだ支輪裏板は取り付けられていなかったことがわかります。

伐採年がわかったのは、東塔建立の仕上げともいえる木部材でした。では、ほかの木部材はどうでしょうか。明らかに平城遷都後の七一〇年以降の年輪を持つものも複数見られますが、なかでも注目されるのは、塔の中心をなす心柱《しんばしら》や、東塔を特徴づける要素の一つともいえる裳階《もこし》の肘《ひじ》木《き》といった、辺材が残存する木部材に、最外層の年代が七一九年および七二〇年というものが見出されたことでしょう。

特に心柱は塔の中心をなし、建立の最初に建てられる木部材です。心柱に残される最も外側の年輪はどこなのか、上端・下端はもちろんのこと、側面についてもくまなく探しました。その結果、心柱の最も外側の年輪（図6-7、左下の写真で、側面に針を刺して示している箇所）は七一九年に形成された層であることが確認できました。

薬師寺が平城京の現在の地へ移されたのは、『薬師寺縁起』では養老二（七一八）年とされています。東塔の木部材の中で最初に建てられる心柱は、七一九年以降に伐採されたものとなるので、薬師寺が平城京に移されたときには、東塔の木部材構造の姿はまだなかったということになります。さらには、東塔の主要な木部材が調達されたのは、造薬師寺司に史生が置かれた養老三（七一九）年より後であったことが、年輪年代測定によって明らかとなったのです。

おわりに

以上のように、東塔を構成する木部材の年輪年代測定により、『扶桑略記』などの記述と整合する東塔建立に関する年代成果が得られ、主要な木部材が伐採され調達されたのは、薬師寺の平城京移転の後であることが明らかとなりました。薬師寺は、藤原京の本薬師寺からさまざまな事物が移されたのは間違いないのですが、東塔の木部材については、藤原京の本薬師寺から移建されたのではなく、平城京で新築されたのだということが、年輪年代測定により確定したことになります。

今回の年輪年代測定成果は、発掘調査で確認された境内地出土の木簡の年紀や『続日本紀』の記述とも整合性が高いといえ、東塔のみならず薬師寺伽藍の造営を考える上でも重要な意味を持つと考えられます。解体修理で得られたさまざまな知見ともあわせて、今後の総合的な研究の進展が期待されます。

［参考文献］

星野安治・児島大輔・光谷拓実「国宝薬師寺東塔木部材の年代測定——建立年代について」『奈良文化財研究所紀要二〇一七』

奈良国立文化財研究所編「薬師寺発掘調査報告」『奈良国立文化財研究所学報』四五、一九八七

鈴木嘉吉「薬師寺新移建論——西塔は移建だった」『薬師寺　白鳳伽藍の謎を解く』白鳳文化研究会編、冨山房インターナショナル、二〇〇八

光谷拓実「わが国における年輪年代学の確立とその応用（第一報）現生木のヒノキによる年輪変動パターンの特性検討」、「同（第二報）産地を異にするヒノキ相互間およびヒノキと異樹種間との年輪変動パターンの相関分析」『木材学会誌』三三、一九八七

奈良国立文化財研究所編「年輪に歴史を読む——日本における古年輪学の成立」『奈良国立文化財研究所学報』四八、一九九〇

光谷拓実・大河内隆之「年輪年代法による法隆寺西院伽藍の総合的年代調査」『佛教芸術』三〇八、二〇一〇

Baillie and Pilcher: A simple cross-dating program for tree-ring research. *Tree-Ring Bulletin 33* (1973)

（この章の写真・図版、断りのないものはすべて筆者提供）

図7-1　解体前の状況把握調査時の東塔内の彩色

初重北面全体（写真下中央が心柱）

北面の天井板拡大（写真下が心柱方向）

図7-1（つづき）

西面の支輪板部分の彩色（写真上が心柱方向）

西面の裳階地垂木化粧裏板（写真上が心柱方向）

図7-2　天井板彩色の養生（2013年撮影、写真・朝日新聞社）

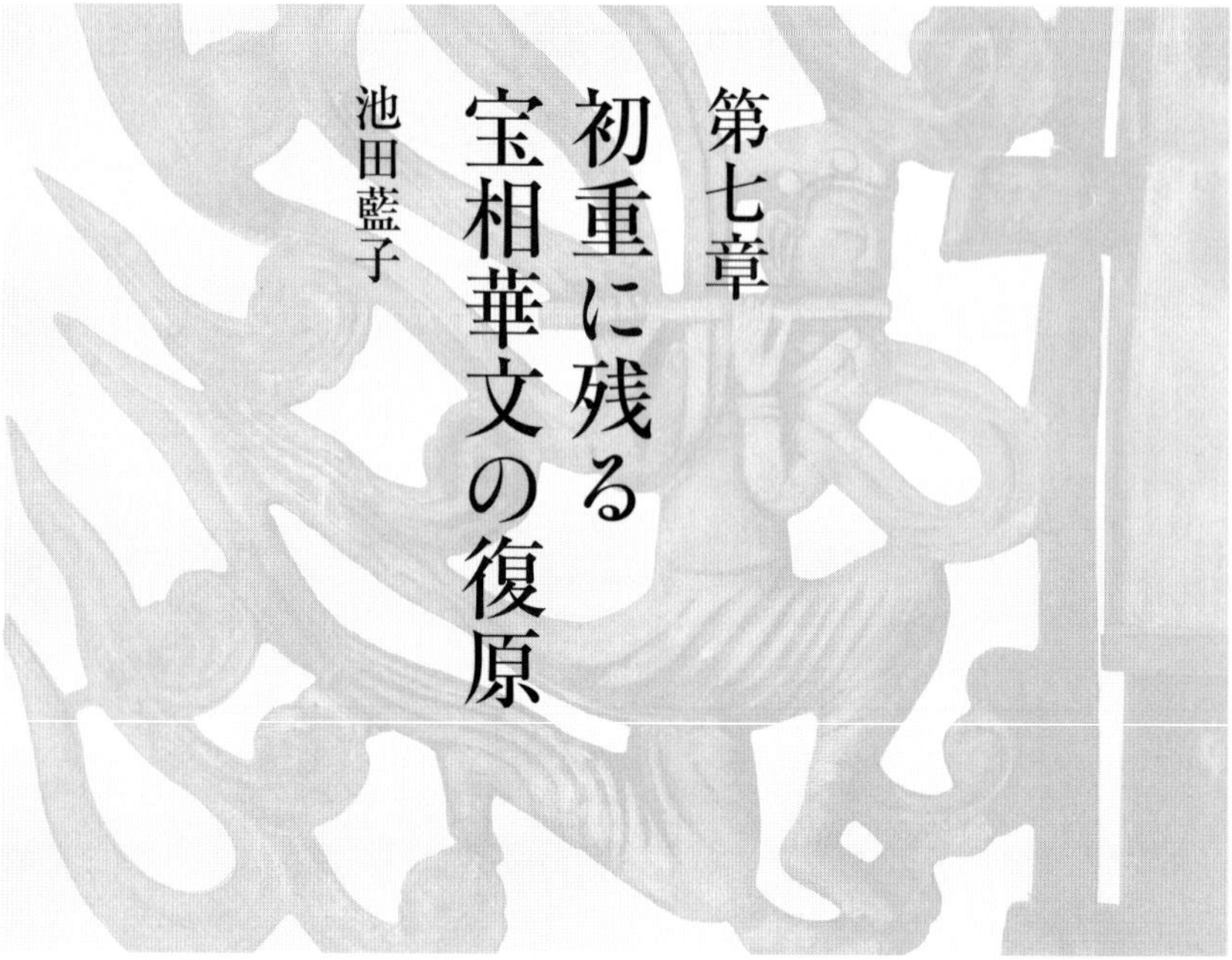

第七章 初重に残る宝相華文の復原

池田藍子

薬師寺東塔に残る彩色文様とその調査の歴史

薬師寺東塔は、建立当初から今日に至るまでの千有余年という長い年月を、多くの人びとの信仰と努力によって受け継がれてきた貴重な寺院建築です。

今日文化財として残る日本の仏教建築のうち木造建築による塔には、特にその高さと最上部に設置された金属製の相輪のために、多くが落雷が原因で引き起こされる火災によって消失してきた歴史がありました。そうした木造建築を取り巻く危険を逃れ、地上に伝世し続けている薬師寺東塔は、稀有な存在であるといえます。

そして現在、目にすることができるその姿は、風雪に耐えた古色蒼然《そうぜん》とした趣をもち、現代を生きるわれわれに重厚な歴史を感じさせてくれます。しかし、そびえたつ東塔のイメージとは対照的に、創建時の仏教文化の隆盛を伝えるような華麗な色彩と伸びやかな筆致で描かれた植物文様が塔の内部を彩っていたこと、そしてその痕跡を含めた多くの彩色がいまも残されていることは、塔そのものの姿と比べて一般的にはあまり知られていないことかもしれません。

一方、この東塔内の彩色文様については、明治四二（一九〇九）年当時、東京美術学校図案科助手であった小《お》場《ば》恒吉《つねきち》氏（一八七八～一九五八）による模写や、大正元

（一九一二）年発行の日本建築学会編『文様集成第一一編奈良時代』掲載の天井・支輪板《しりんいた》の写真などからうかがえるように、明治から現代に至るまで研究者のあいだでは古代日本の仏教建築の彩色文様を考える上で重要な存在であり続けています。その後も古建築の研究者らによる論考、彩色文様模写の専門家らによる技法研究および復原模写など、東塔内の彩色にはさまざまな角度から研究の光が当てられ続けてきました。こうした先達による調査は、東塔内部の彩色文様が認識され価値づけられることの大きな助けとなってきました。それと同時に、こうした連綿と続く研究の道筋があってこそ今回の彩色調査の機会が得られたといっても過言ではありません。

本章では、これまで行われた調査の成果を踏まえつつ、今回の調査によって新たに得られた知見を主に、調査の全容とその成果についてご紹介します。

彩色文様調査について

東塔では、平成二一（二〇〇九）年から令和二（二〇二〇）年までのおよそ一〇年にわたる修理事業が行われました。この修理は解体修理と呼ばれる、塔を一度すべて部材の単位にまで解体し各部の修理を行ったのち再度組み立てる、という大規模なものです。今回の彩色調査はこの修理事業の一環として、東塔内部に残る彩色文様の全容の把握と記録、一部復原を目的として実施されました。

本調査は、かつて建築彩色の分野で国の選定保存技術保持者として活躍し、昭和三九（一九六四）年に薬師寺東塔彩色文様調査および復原模写を行った山崎昭二郎氏に師事し、平成一〇年および平成一三年に薬師寺再建大講堂の天井廻り、ならびに天蓋《てんがい》の彩色復原原画制作を行った大山明彦氏（奈良教育大学教授）の指導のもと、山田真澄氏（学校法人・瓜生山学園京都造形芸術大学准教授）、池田藍子（奈良県文化財保存事務所所員・筆者）が中心となり行いました。その他調査期間中には前記三名以外に計八名の人員が調査補助として参加しました。

また、解体に先立って行われた事前調査では、彩色文様が描かれた部材の多くに彩色の剝離《はくり》が確認され、それらの損傷が解体作業に伴う振動などを原因として進行する恐れがあると判断されたため、解体前に部材を養生《ようじょう》することとなりました。養生の指導および剝落止め処置は保存処置の専門家である山本記子氏（現・一般社団法人国宝修理装潢師連盟理事長）に依頼しました。さらに剝落止め処置に付随して、昭和三〇年代に行われた修理で剝落止めとして使用された樹脂の除去を目的とした、酵素を用いた処置が東京文化財研究所によって行われました。

図7-3　文様各所に見られる色指定記号（○印）

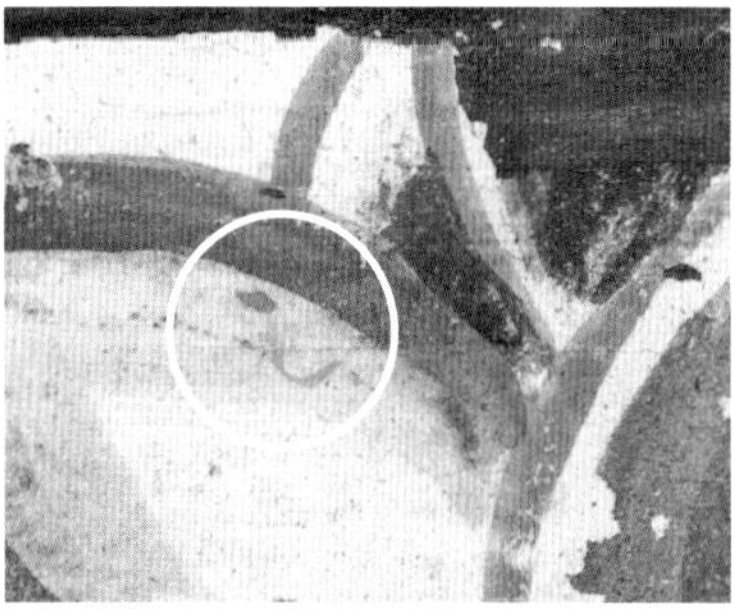

色指定記号　「之」ヵ

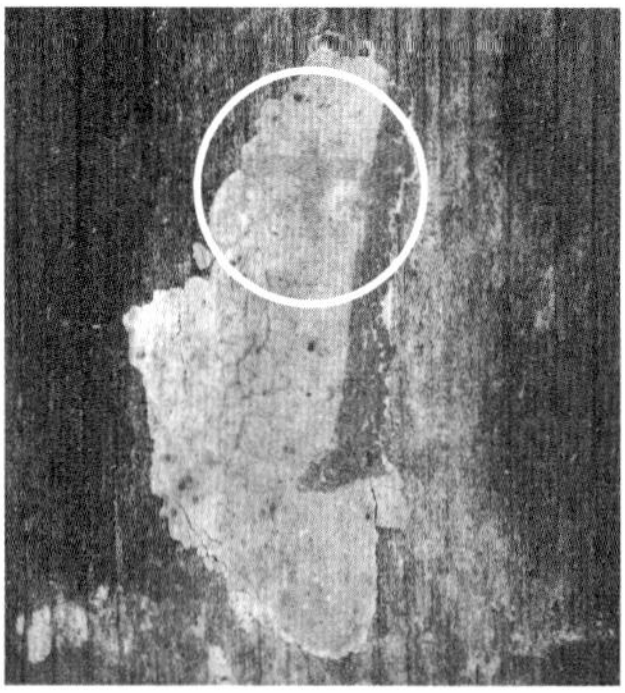

色指定記号　「丹」ヵ

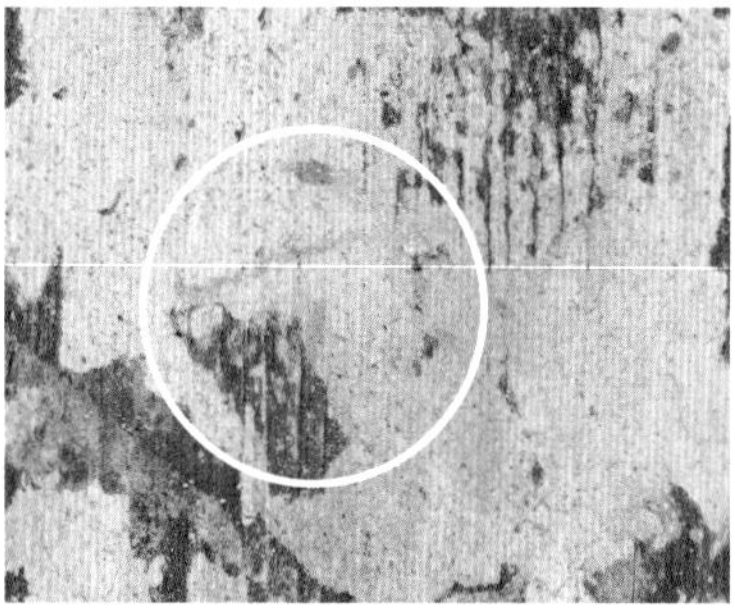

色指定記号　「六」ヵ

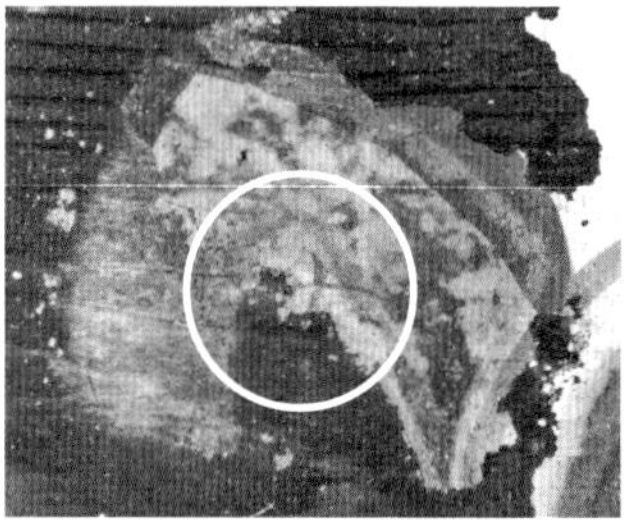

色指定記号　「丹」ヵ

図7-4　さまざまな作画の痕跡、墨書、落書きなど（矢印）

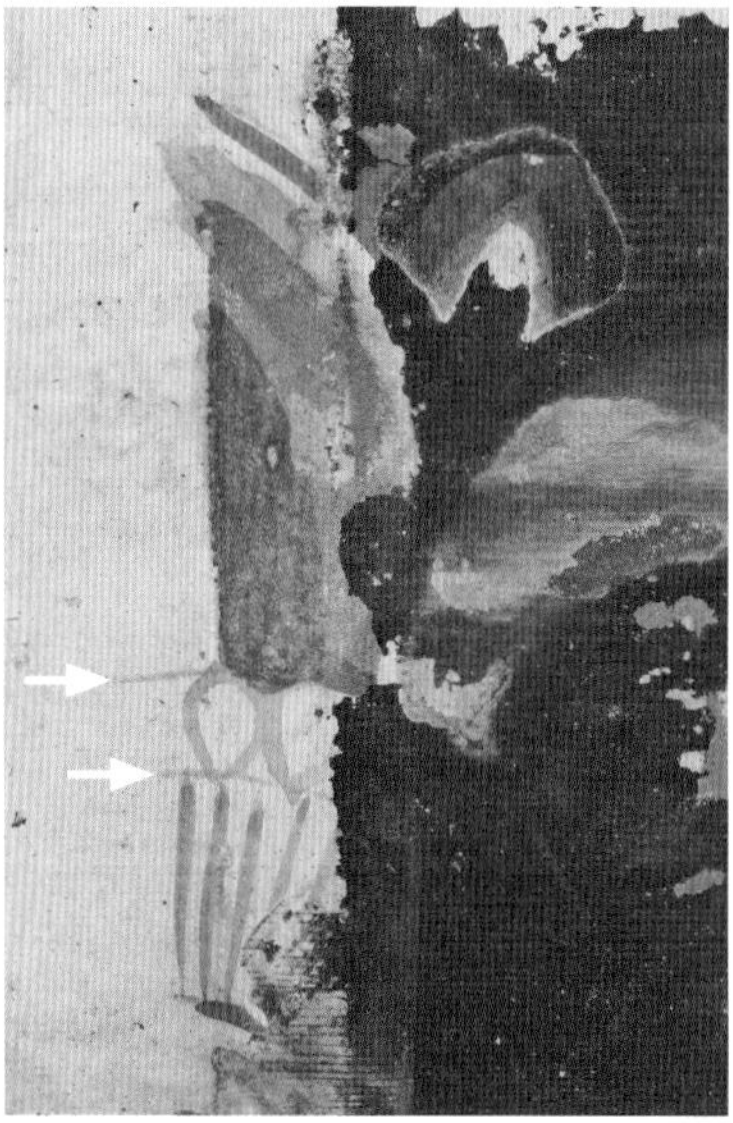

天井板に残る捻紙痕

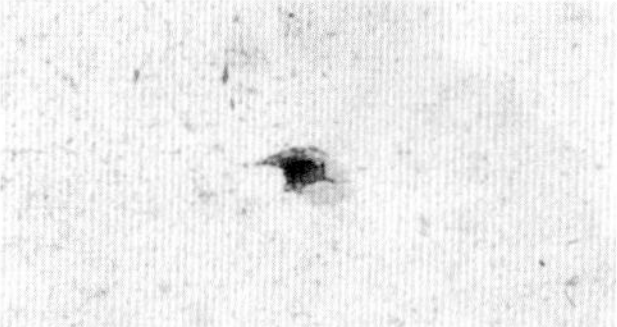

捻紙留め穴。穴周辺に捻紙の赤い粉末が見える

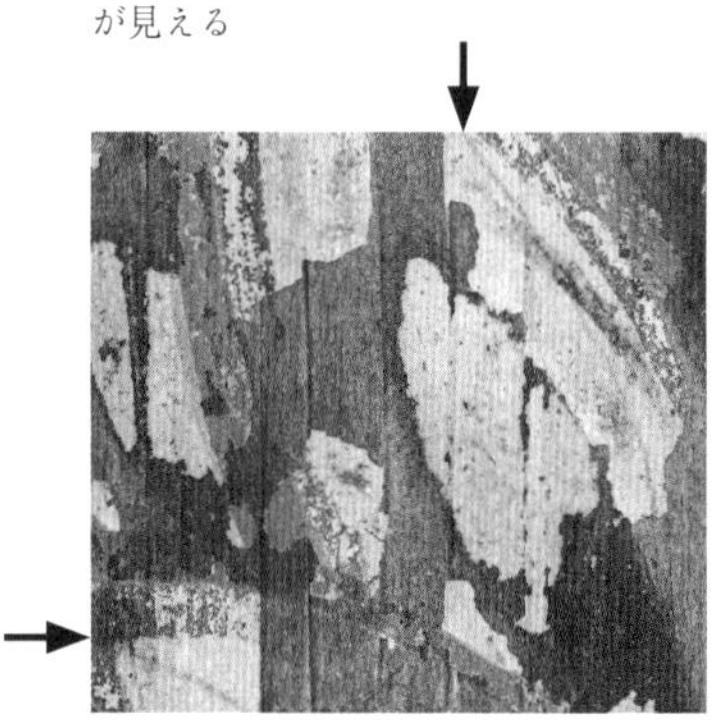

支輪板に残る捻紙痕

図7-4（つづき）

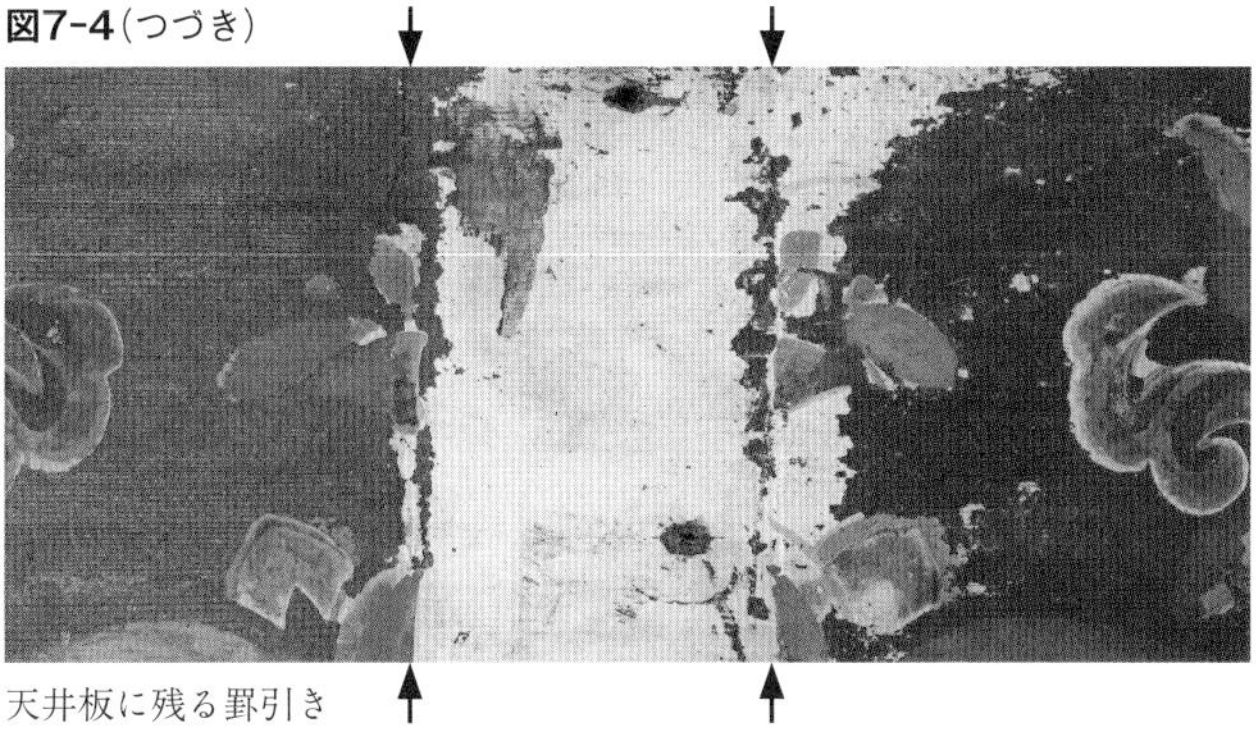

天井板に残る罫引き

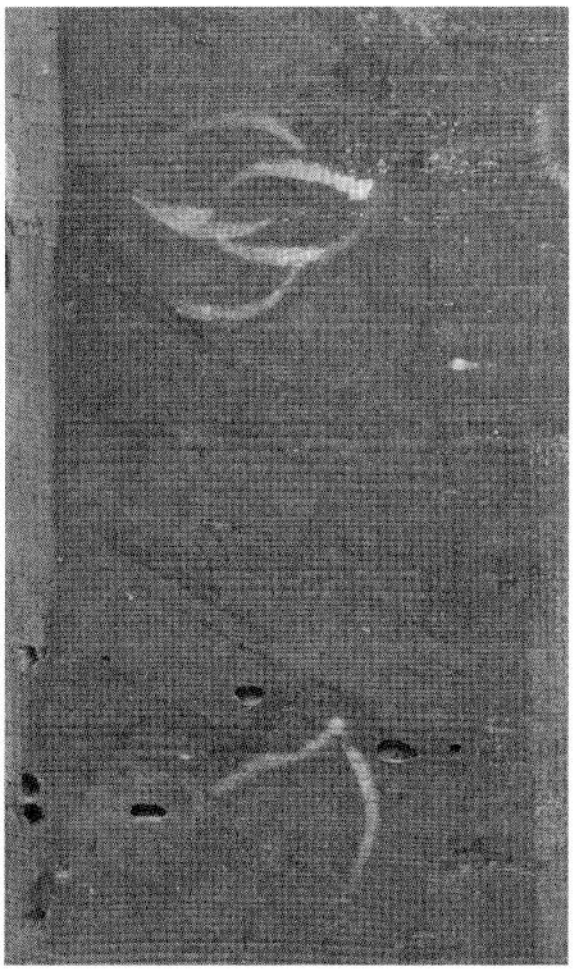

落書き。花文を描いている

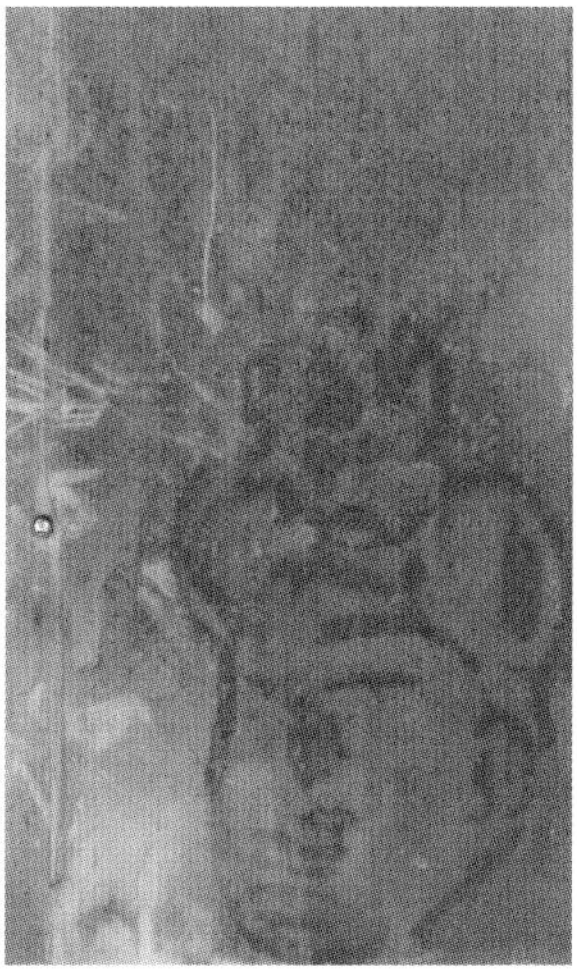

人物の顔の落書き（近赤外線写真）

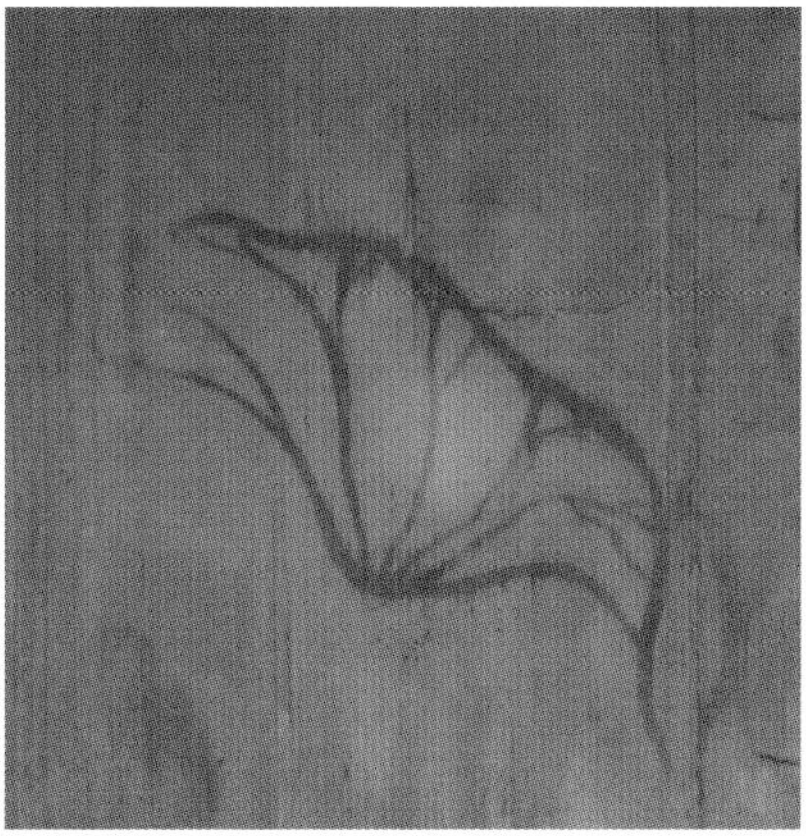

蓮の葉の落書き（近赤外線写真）

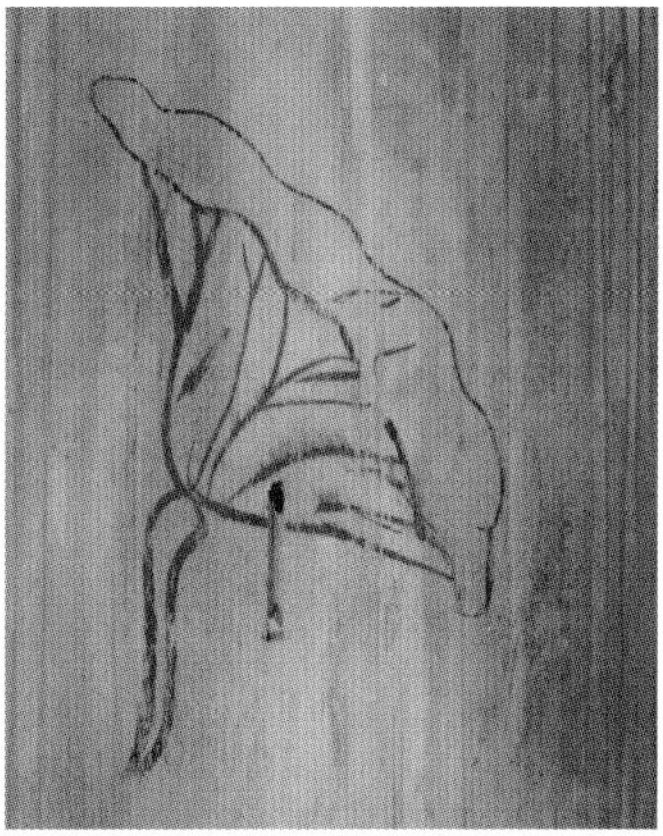

蓮の葉の落書き（近赤外線写真）

前記の作業と並行して、彩色文様に使用された色料の特定のための種々の材質分析が奈良文化財研究所によって行われました。このほか材質分析および高精細デジタルカメラによる写真撮影も青木智史氏（当時・奈良教育大学特任准教授、現・天理大学附属天理参考館学芸員）によって行われました。

今回の彩色調査の対象となった部材は、天井板、支輪板、初重裳階《もこし》地《じ》垂木《だるき》化粧《けしょう》裏板《うらいた》という三種類の部材です。それぞれの部材に描かれた文様について概説すると、まず、天井板には正面向きの八弁の蓮華を中心とした文様が描かれています。次に支輪板には棘《とげ》のある茎にザクロのような子房をもつ花や、側花形《そくかがた》の蓮が咲く様子が描かれています。最後に裳階地垂木化粧裏板には、先に述べた支輪板に描かれた文様を基本形としながらも、配色や文様構成を変更したものが描かれています。調査の対象となった部材の総点数は破損したものや取替材も含め、最終的に約二七〇点となりました。

彩色調査では、調査の結果得られた彩色に関する情報や知見の記録と保存を目的に、それらの収集、整理、そして集約を行います。その作業は、先行研究の調査や塔解体前の調査などを含めた事前調査から始まり、彩色文様復原図や報告書の作成に至るまで、多くの段階を経て行われるものです。次に、今回の調査で行った調査内容について、実際に調査に携わった筆者の視点から、それぞれの作業の段階について順を追って述べていきます。

彩色調査の手順

Ⅰ事前調査

塔の解体に先立つ平成二二（二〇一〇）年一月から、事前調査として、先行研究の文献調査、解体前の状況把握調査などを行いました［図7-1］。特に解体前の状況把握調査では、彩色文様が描かれた部材一枚一枚を丁寧に観察し、その状態について記録していきます。その結果、色料と部材である木地の接着に使用されている固着剤の接着力が経年変化により低下していることが判明し、塔内の彩色がのちに予定されていた解体作業に伴う振動などに耐えることのできない状態にあると判断されました。そのため、以下に述べる養生を行うことを決定しました。

Ⅱ解体前部材養生

事前調査の結果より、山本記子氏の指導の下で養生が行われました［図7-2］。ここでいう部材の養生とは、部材の文様が描かれた面に保護紙を接着剤で貼り付けることで一時的にカバーし、解体作業中の振動や接触から彩色面を保護する作業のことです。こうした養生を行うことで画面が保護され、解体作業中の安全性が確保されますが、当然ながら部材解体後は保護紙を取り除く必要があります。そのため保護紙の接着は作業中のみ効力があり、再度塔を組み立てた際には除去できるものを使用する必要があります。今回の養生の接着剤はフノリ溶液を使用しました。フノリ溶液は海藻であるフノリを主原料とした接着剤で、接着力が適切であり、水によって溶解するためこうした養生のための接着には適しています。

Ⅲ剝落止め

養生を経て塔が解体されたあと、部材にはそれぞれ点検や修理作業が行われていきますが、彩色文様が描かれた部材は、記録調査のためそれ以外の部材とは別の場所で保管されます。そして、養生紙の取り除き作業ののち、膠《にかわ》を使った本格的な剝落止めが行われます。剝落止めは名前のとおり剝離の進んだ色料を再び部材に接着する作業で、その後の作業によって損傷が現状以上に進むことがないように補強するとともに、解体修理完了後の経年劣化を抑える目的があります。先に述べたとおり、剝落止めには膠が使われます。膠は動物性の材料を原料とした接着剤で、フノリと同じように水溶性ですが、より強力な接着力をもち、彩色を施す際にも使用されているため、他の接着剤と比較しても彩色に与える影響が比較的少ないと考えられています。

これらの作業は文化財の保存と修理の分野において多くの実績をもつ株式会社文化財保存によって行われました。

Ⅳ目視調査

剝落止めに続いて、解体した部材に対して目視調査が行われます。今回のように、ほぼすべての部材を解体する工事では、組み立てた状態では見ることが難しい部材の各面や、普段高所にあるなどして近づくことの難しい部材も詳細に観察することができます。調査にあたっては専用の調査用記録用紙を作成し、部材ごとの所見を記録していきます。記録用紙には、部材各部の寸法、彩色の残存状況、彩色以外に画面に残る種々の痕跡をはじめ、部材の裏面に書かれた墨書［図7-3、図7-4］、彩色文様や色料の特徴などについて仔細な項目が設けられています。こうした各部材の調査記録は最終的に一覧表の形にまとめられます。この一覧表を基礎として、調査の対象となる数多くの部材について統一した観点から情報を収集・整理するとともに、情報の共有を行いながら、以降の作業についてさまざまな検討が行われていきます。

Ⅴ自然科学的手法による材質分析

目視調査の結果をもとに蛍光X線分析をはじめとする種々の材質分析が行われます。こうした分析の第一の目的は彩色に使用された色料を特定することです。先に紹介し

図7-5　彩色文様復原図ができあがるまで

調査対象の部材

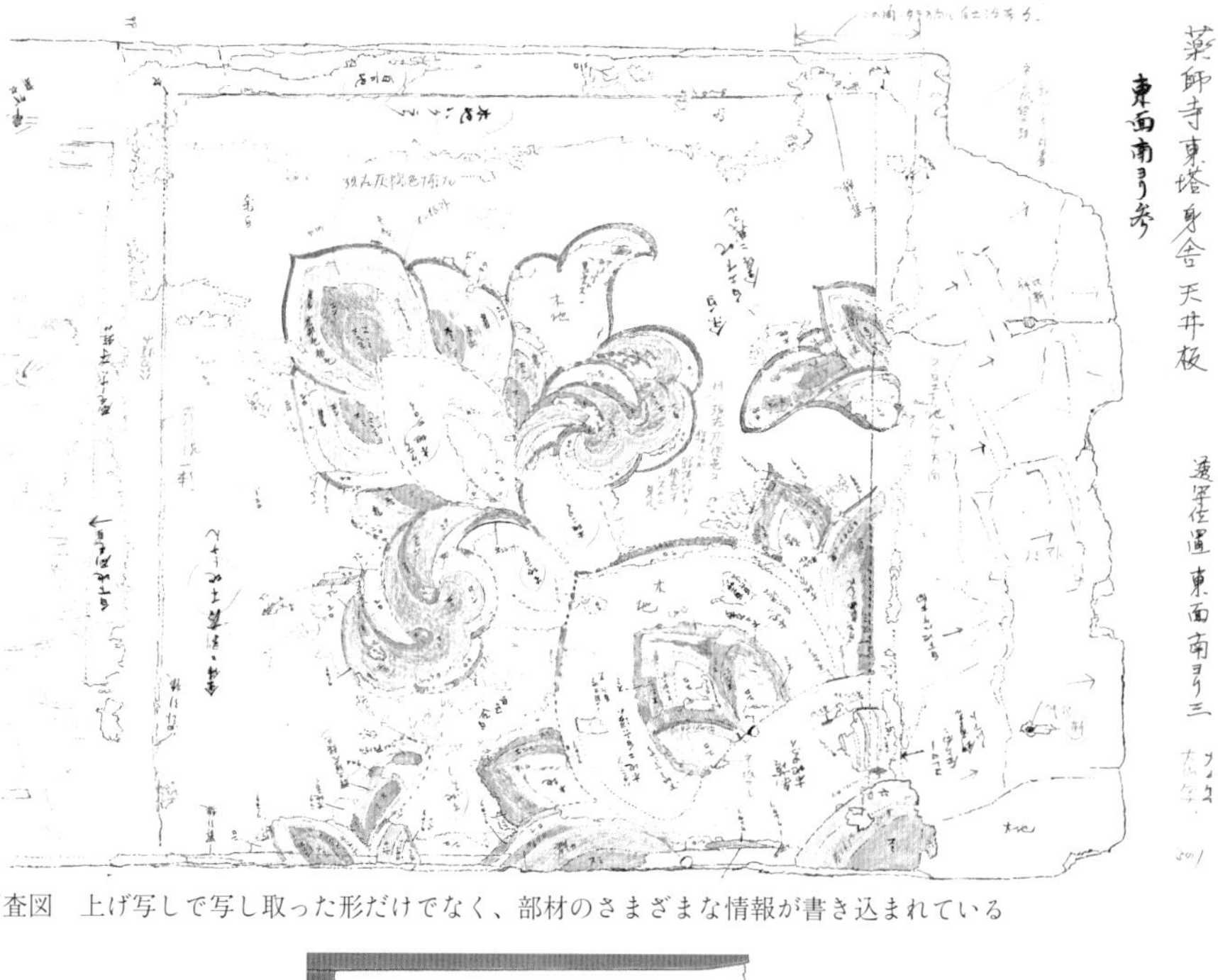

調査図　上げ写しで写し取った形だけでなく、部材のさまざまな情報が書き込まれている

彩色文様復原図

図 7-6　彩色文様復原図の作成

作業工程 1　木材の準備

作業工程 2　木材に白色下地を塗布

作業工程 3　下図を右に置いて細部を確認しながら、彩色を施す

作業工程 4　転写、彩色の様子。細部の彩色では特に慎重に筆を運ぶ

作業工程 5　直接木材にふれないよう注意を払いながら、板を渡した上に座って作業を行う

た目視による調査と合わせて、科学的な観点から分析を行うことで、使用されていた材料を多面的な視点から検証します。これらの分析は奈良文化財研究所、および青木智史氏によってなされました。

Ⅵ記録

解体された部材から、彩色の色料の残存状況が良好なもの、つまり彩色文様の色と形がよく残っているものを選別し、描かれている文様の構成はどのようなものか、どのようなモチーフが描かれているかといった、彩色の形態の把握に適切な部材を選択し、選択された部材については、高精細デジタルカメラによる写真撮影および描画による彩色文様の記録を行います。

描画による記録は、「上げ写し」といいます。これは記録を描き写す技法を表す言葉で、部材に直接記録用の紙をあてがい固定し、細い筆と墨を用いて文様の形を用紙に写し取る作業です。使用する用紙はグラシン紙という薬包紙のような薄紙を用います。薄紙といってもそのまま下の彩色を透かして写すのではありません。あてがった紙をめくりながら、対象となる彩色の描画をあらためて詳細に観察し、彩色一筆ごとの描き方、筆遣い、タッチの強弱などを読み取り、一筆描いては用紙をめくり、次の描画を凝視し、また一筆描く、という作業を繰り返します。ただ形を写し取っていく作業ではなく、まさに現物を目の当たりにしながら天平の時代、その当時の彩色を描いた画師の筆遣いを想像し、読み取り、その筆致に迫っていくことが「上げ写し」の真髄といえます。

「上げ写し」によって文様の形を写し取る作業と並行して、同じ用紙に部材表面の細かな凹凸や傷、色料の様子をつぶさに観察し、そのつど情報を文字や記号で細かく書き込んでいきます。

こうして彩色の残存状況を記録するだけではなく、さまざまな情報を盛り込んだ彩色の解読図面ともいえるものができあがっていきます。用紙にはそのほか目視調査および科学的手法による色料分析の結果判明した色名や色料名もそのつど文字で書き込んでいきます。できあがった用紙には、記録された雑多な情報や、記録者本人にしかわかりえない符号のようなメモといえる記述が多く、あとから確認する資料としては、記録者本人はもとより資料としても情報が煩雑であるためそれらを整理し、あらためて和紙に清書した「白描図《はくびょうず》」の作成を行います。こうして写真だけでは読み取ることのできない情報が描画による記録によって補われていきます。逆に描画による記録では伝えきれない高精細な画像は写真が補うことで、それぞれの情報が相互補完され、より多くの彩色に関する情報を残すことができます［図7-5］。

Ⅶまとめ

これまでの各種調査で得られた情報、知見をまとめた成果物として「彩色文様復原図」および「報告書」の作成を行います。まず、彩色文様復原図準備のため「下図」の制作を行います。「下図」は、記録図作成を目的として行った「上げ写し」とは異なり、文様自体を作図します。「上げ写し」では、現存する描線や彩色痕を実線、木地に残る風食痕などから推察される輪郭線などは点線で描きますが、「下図」ではすべてを実線にした一枚の絵として描き出します。この「下図」を転写した図様から「彩色文様復原図」を作成します［図7-6］。作成にあたっては、現物の描画に使用されたと考えられる材料や道具と同じものを使用するように心がけることも重要です。

また、本調査では色料分析によって東塔内彩色文様に墨や各種天然鉱物顔料、動植物由来の有機色料が使用されている可能性が示唆されたため、その結果に即した各種色料を使用しました。ただし、現在では入手が困難な原料もあるため、その場合に関しては同じあるいは近い原料を使用することもあります。今回の復原でもまた、原料を同じくしながらもその色が異なる色料がいくつかあり、混色などによる調整を適宜行いました。また、描画に際しては、筆致などをできるだけ反映することで、現物の独自性を表すより精度の高い二次資料となるよう努めました。

このほか、事前調査から記録に至るまでに得られた知見について文章や図、写真によってまとめ、奈良県文化財保存事務所発行の報告書内にて報告を行う予定です。

以上が、筆者が薬師寺東塔調査で行った調査内容の全容の概説となります。

彩色文様の詳細

薬師寺東塔の彩色文様は、天井板、支輪板、裳階地垂木化粧裏板の三種類の部材に描かれています。いずれの部材も、白色下地を施した上に各種色料で植物文様が描かれており、その様子から共通した技法によって描かれたものであることがうかがえます。この植物文様は、なにか特定の一種の植物をモチーフとして写生的に描いたものではなく、一つのモチーフの中に蓮の華、葉、蕾《つぼみ》や、蓮に似た棘《とげ》をもつ茎に、ザクロ風の実、ブドウ風の葉など多様な種類の植物のイメージを組み合わせて構成された文様で、各部の形態の描写は写実的ともいえるものですが、全体としては一種の空想上の植物を描いているようでもあります。描かれたモチーフは内側から満ちる豊かな量感によって見る者に豊麗な印象を与えます。また、各部の色彩は淡色から濃色

図7-7　彩色文様がよく残っていた部材

鮮やかな色が残る天井板

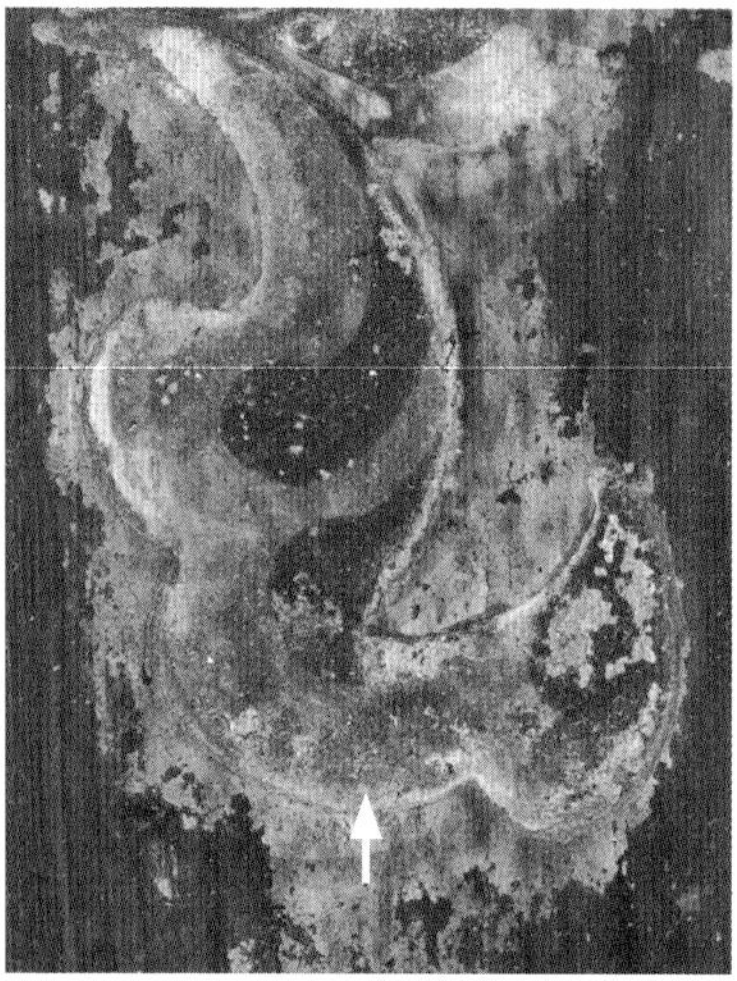

橙色が残る（矢印）

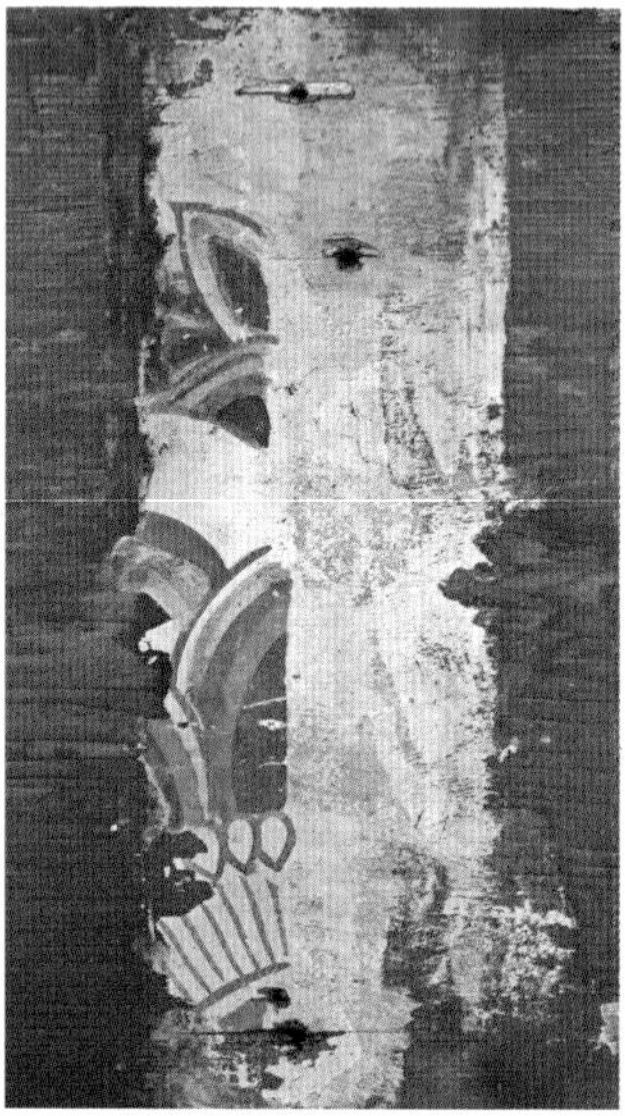

（上図）天井板　詳細

天井板の文様詳細

赤紫色が残る（矢印）

図 7-8　支輪板

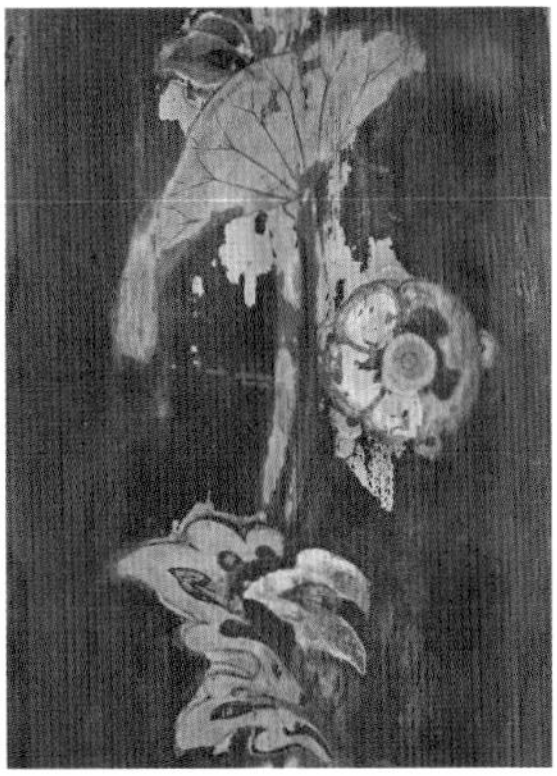

文様詳細
（乙種）

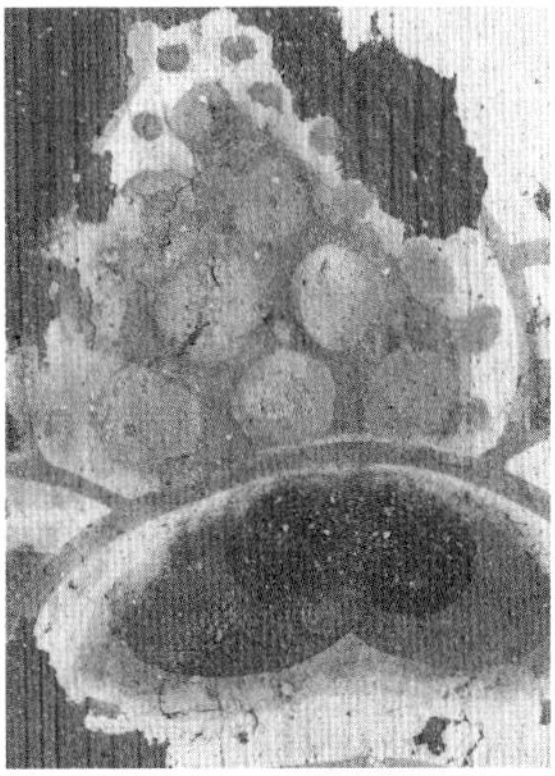

文様詳細
（甲種）

図 7-9　裳階地垂木化粧裏板

文様詳細（乙種）

図 7-10　色料の変褪色の様子

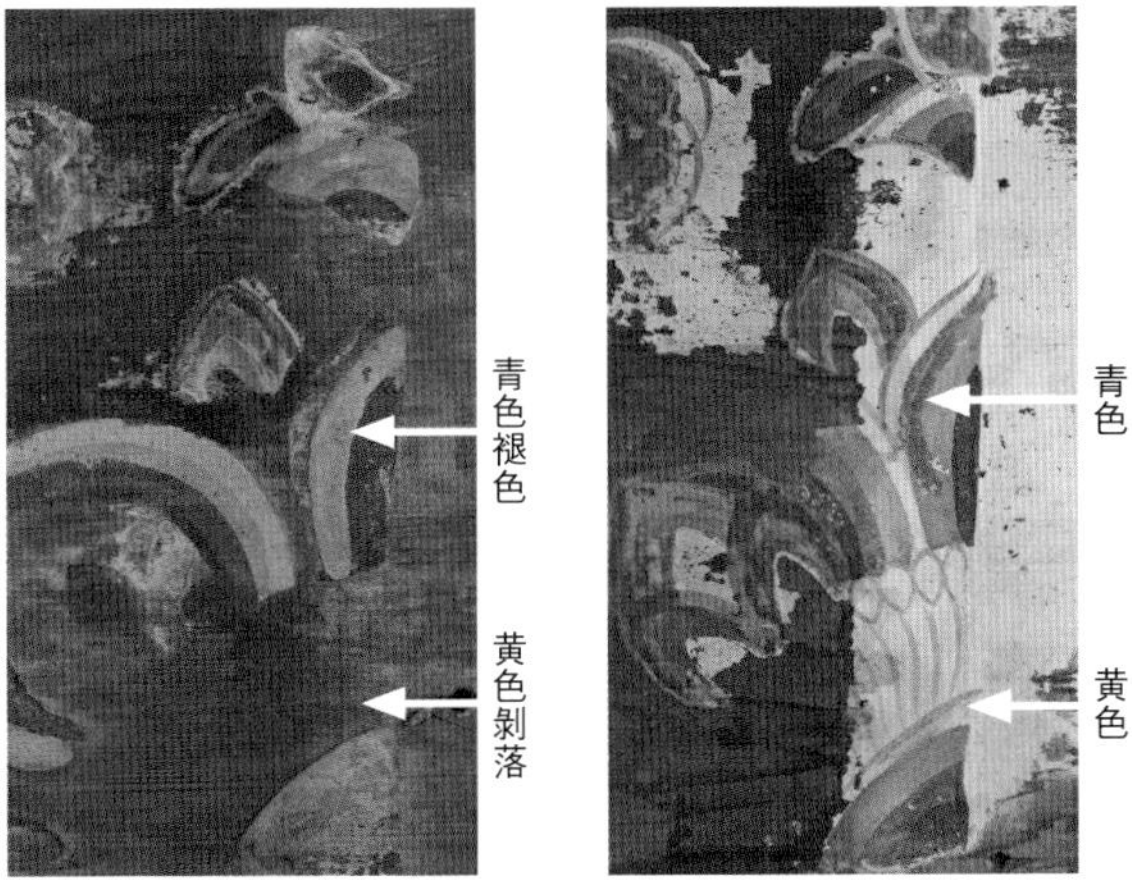

右図では各色が鮮明だが、左図では、色料の剝落や変褪色が進み、色の鮮やかさが失われている

を文様の外郭から中心部に向かって階層的に塗り重ねる、暈繝《うんげん》と呼ばれる技法を使って描かれ、塗り重ねられた色がグラデーションとなることで立体感が生まれ、文様に生命力を与えています。このほか、当時使用されたと考えられる墨や各種天然鉱物顔料、動植物由来の有機色料を用いた色合いは、黒や緑、青、赤、橙《だいだい》、赤紫、黄などさまざまなもので、それぞれの色と、その対比によって生み出される効果は文様の印象をより多彩で華麗なものとしています。

東塔内に描かれた文様

以下に、薬師寺塔内に描かれた文様の詳細について部材ごとに述べていきます。

Ⅰ天井板

大きな正方形を十字に区切った形で、その四つの格間《ごうま》を一組として一つの大きな花文を作るように描かれています。組子《くみこ》の辻に相当するところに正面向きの八弁の蓮華を描き、四方に側花形のアイリス風の花を配して一単位とし、全体として花を上から俯瞰《ふかん》した形の蓮華文を形作っています。このように、四つの格間を一組として一つの大きな花文を作るように描いた文様の様式を四間一花といいます［図7-7］。

Ⅱ支輪板

棘のある茎から花や葉、蕾などが展開する立ち姿の植物文様が、一枚の部材につき一枝ずつ描かれています。文様の最頂部がザクロ様の子房を有する多弁花のもの（以下支輪甲種）と文様の最頂部が側花形の蓮華のもの（以下支輪乙種）の二種類が存在し、この二種類がおおむね交互に塔内に配置されます。

支輪甲種では、四枚の葉から二本の茎が立ち上がり、一方は側花形蓮華に至り、もう一方は最頂部のザクロ状子房に至ります。最頂部へ至る茎は、翻《ひるがえ》りを有する葉や巻き込みをもつ葉を経てさらに枝分かれし、蓮の荷葉に至るものと、最頂部のザクロのような子房を有する多弁花に至るものとなります。また、支輪甲種の特徴を基本としながら、最頂部のザクロ様の子房を有する多弁花に三枚の萼《がく》を加え、さらに一部苞《ほう》を表した巻き込みをもつ葉を葉脈のあるものに変更した、いわば支輪甲種の変形種といえるものが複数認められました。

支輪乙種では、六枚の葉から三本の茎が立ち上がり、一本は翻りを有する葉へと至り、一本は蓮の荷葉に至り、一本は最頂部の側花形の蓮華に至ります。蓮の荷葉に至る茎は、その途中で枝分かれし俯瞰形小五弁花を咲かせています。最頂部に至る茎は、巻き込みをもつ葉や蓮の蕾を経て側花形蓮華となります。また、支輪乙種においても、支輪乙種の特徴を基本にして、翻りを有する葉と俯瞰形小五弁花の左右位置の入れ替えや、俯瞰形小五弁花を側花形小蓮華へと変更を行った、支輪乙種の変形種が複数認められました［図7-8］。

Ⅲ裳階地垂木化粧裏板

支輪板に描かれた文様を基本形としながらも、配色や文様構成を変更したものが描かれています。文様の最頂部が三頭形の花弁を中心にさまざまな形態の花弁が展開する多弁花のもの（以下裳階甲種）と文様の最頂部が側花形の蓮華のもの（以下裳階乙種）の二種類が存在し、この二種類も支輪板同様おおむね交互に塔内に配置されます［図7-9］。

天井組子上にあった鮮やかな色彩

今回の彩色調査は、塔本体の解体修理に伴って行われたため、建物が組み上がった状態では目にすることのできない箇所を間近で見ることができた貴重な調査となりました。特に、天井組子上から当時の色を鮮やかに留めた彩色文様が発見されたことは思いもよらないことでした［図7-7］。

天井組子とは、天井板を受ける格子《こうし》状の枠となる部材であり、組子上とは、その名称のとおり、建物が組み立てられた状態では部材同士が接する上側の状態にあり、先述のとおり、解体されないかぎり見ることのできない場所でした。しかし部材同士が接した状態で長い年月が経過したことが幸いし、組子が天井板に描かれた彩色文様を保護する役目となり、劣化や変色を免れて、現在に至るまで鮮やかな色を留めることになったのです。また、組子上には本来であれば彩色文様が描かれていないはずだったのですが、部材の組み立てがわずかにずれていたことによって彩色文様の残る場所が組子の上に被される形となり、文様の一部が今日に至るまで残されることとなりました。

建造物内部に描かれた彩色文様や仏画は、光が差し込まず温湿度なども比較的安定した環境下で保管されることが多かった工芸品や絵画などと比べ、常にむき出しの状態であるため、環境の変化の影響を受ける度合いも大きく、その後の時間の経過とともに色料が変褪色していることがほとんどでした［図7-10］。しかし東塔内天井組子上に残された彩色文様は、そうした条件下を逃れ、長らくの間保護されていたため、色料の中でも特に変褪色しやすい動植物由来の有機色料と推測される赤紫色や黄色もその色を留めていました。この赤紫色や黄色の色料は、近い時代の類例として挙げられる正倉院宝物の工芸品にもよく見られますが、建造物の文様でこれほどの鮮やかな状態を留めたものは今まで見出されませんでした。また、発見された彩色で

図7-11　東塔に残っていた彩色文様と復原図

天井板

天井板彩色文様復原図

天井板東面　南より 3

天井板東面　南より 4

支輪板

支輪板彩色文様復原図

乙

支輪板西面
南より 10

甲

支輪板西面
南より 11

支輪板（変形種）

支輪板彩色文様復原図（変形種）

乙（変形種）

支輪板南面
西より 16

甲（変形種）

支輪板西面
南より 13

裳階地垂木化粧裏板

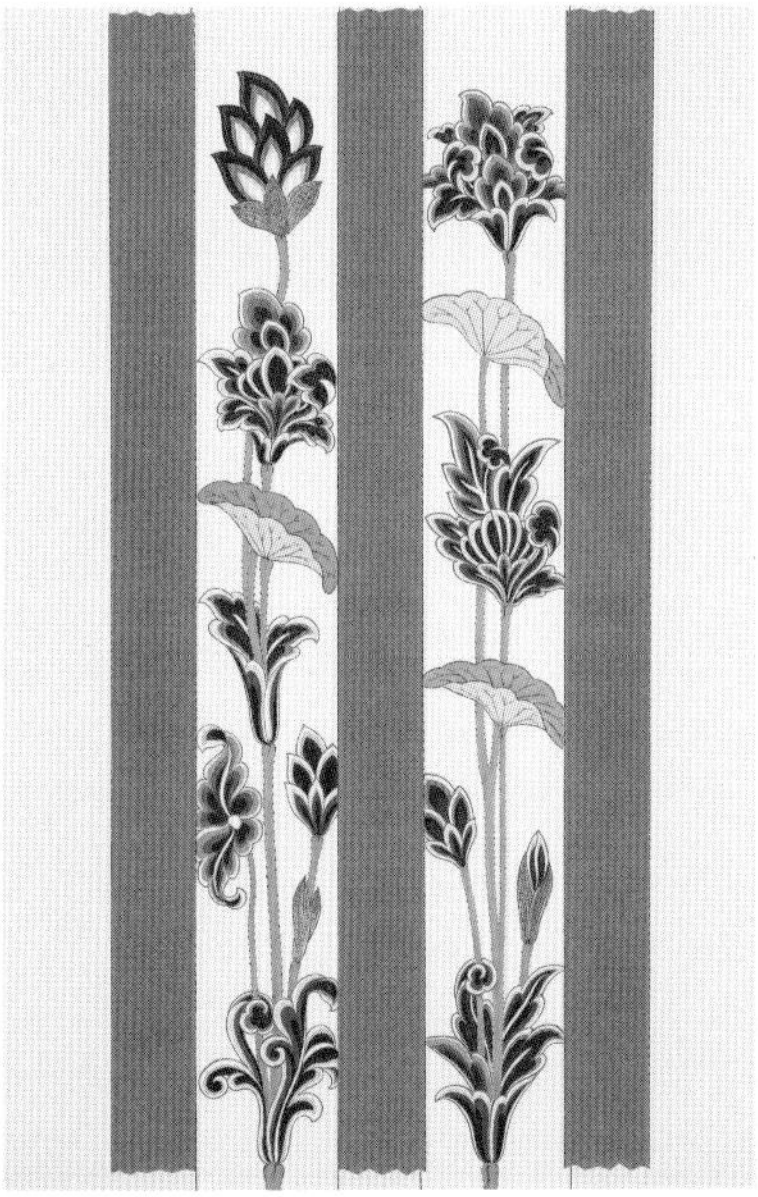

裳階地垂木化粧裏板彩色文様復原図

乙

裳階地垂木化粧裏板
西面　南より 20

甲

裳階地垂木化粧裏板
西面　南より 21

は、他の部材から緑色だと考えられていた箇所の色が経年の変褪色によるもので、本来は青色であったことも判明しました。これらの発見により、現在は主に緑色と茶褐色で構成されたように見える彩色文様が、描かれた当時は多彩な色彩を有する華麗な彩色文様であることが裏付けられました［図7-11］。

おわりに

冒頭のとおり、千年を超える永らくのあいだ風雪に耐えて今なお地上に伝世し続けている薬師寺の東塔を、今日を生きるわれわれが目にすることができることは、誠に稀有なことであるといえます。わが国に残る彩色文様を研究する者にとって、このような詳細な調査を行える貴重な機会を得たことはなにに増しても得がたい喜びであり、これもひとえに、今なお法燈を守り続ける多くの人びとによる信仰とそのたゆまぬ努力があってこその賜物といえましょう。この東塔彩色文様が東塔とともに後世に長く伝わることを、心より祈念致します。

最後になりましたが、本章の執筆にあたりましては、法相宗大本山薬師寺をはじめ、修理事業に携わった皆様、調査の関係者の皆様に多大なるご指導、ご協力を賜りました。厚く感謝申し上げます。また、図版掲載の写真撮影は、奈良県文化財保存事務所および天理大学附属天理参考館・青木智史氏によるものです。記して感謝の意を述べさせていただきます。

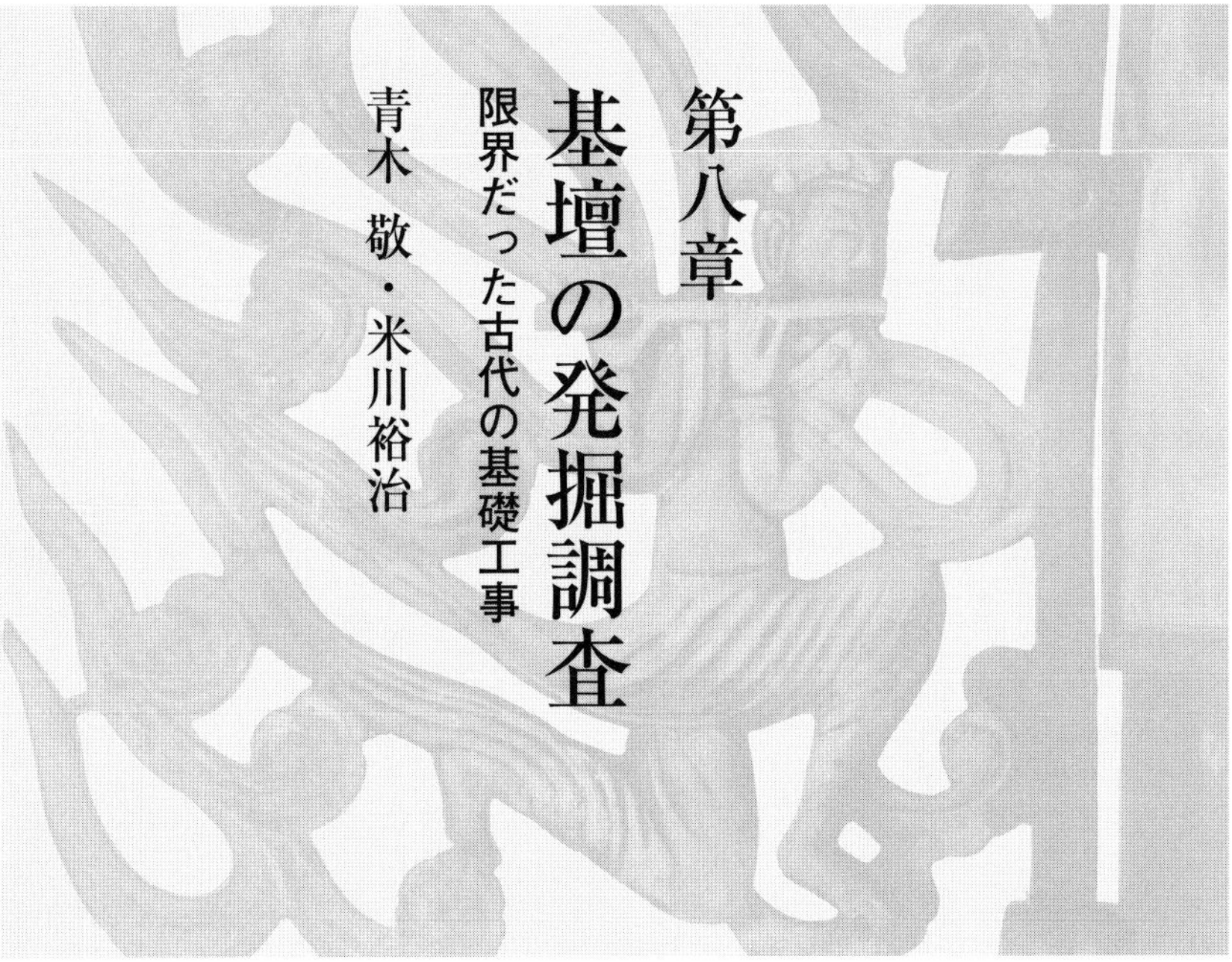

第八章
基壇の発掘調査
限界だった古代の基礎工事

青木　敬・米川裕治

はじめに

この章では、一三〇〇年の歳月、薬師寺東塔を支えた基壇について発掘調査によって明らかになったことを記します。

前半では、調査の経緯をたどりながら、基壇と掘込地業《ほりこみじぎょう》についてくわしく説明します。そして礎石がどのように沈んだのかを考えます（米川裕治）。

後半では、基壇の下に湧水のあることが調査で明らかになりましたが、その理由や東塔に与えた影響、東塔造営に際して行われた古代の地鎮め供養の様相について紹介します（青木敬）。

一　基壇と掘込地業

二機関での発掘調査

このたびの薬師寺東塔解体修理にあたり、基壇の発掘調査は独立行政法人奈良文化財研究所（以下奈文研と略）と奈良県立橿原考古学研究所（以下橿考研と略）との合同で実施されました（第一次調査、平成二六〈二〇一四〉年七月八日〜平成二七年三月三一日。第二次調査、平成二七年七月七日～九月二四日)。

古くは法隆寺境内での防災工事に伴う調査、近年では東大寺法華堂での須弥壇修理事業に伴う基壇の発掘など、両研究所の合同調査はありましたが、薬師寺ではじめてで、長らく薬師寺境内で調査を行ってきた奈文研と、県内の古建築の保存修理事業に伴う調査経験が豊富な橿考研、それぞれの長所を活かして、共同調査ならではの多様な観点からの成果をあげることが可能となりました。

平成二六年七月の蒸し暑い気候の中、基壇の発掘調査は開始されました。心柱はまだ軸組内部の本来の位置に置かれたままで、それを横目に見ながら、発掘を行う前に基準点測量を開始、あいだを置かず現状の基壇の記録作業へと移行しました。なお現状の基壇の大部分は明治修理の際に整備されたものでした。

調査前の基壇

さて、基壇とはなにか。重い建造物を支えるための、土で造った台であり、その上に多くの場合、礎石建物が載ります。芯となる内部は、基本的に土を盛り固めて、周辺の地盤より高くします。地盤が堅固な場合、地山を削り出して形成されることもあります。周囲より高いために、湿気を防いだり、建物をより壮麗に見せたりする効果もあります。ただし、側面がむき出しでは風雨にさらされて浸食が進み崩れてしまうので、保護のための外装を施します。これを基壇外装といいます。基壇外装の材料は、瓦や木などもありますが、だいたいは石を用います。

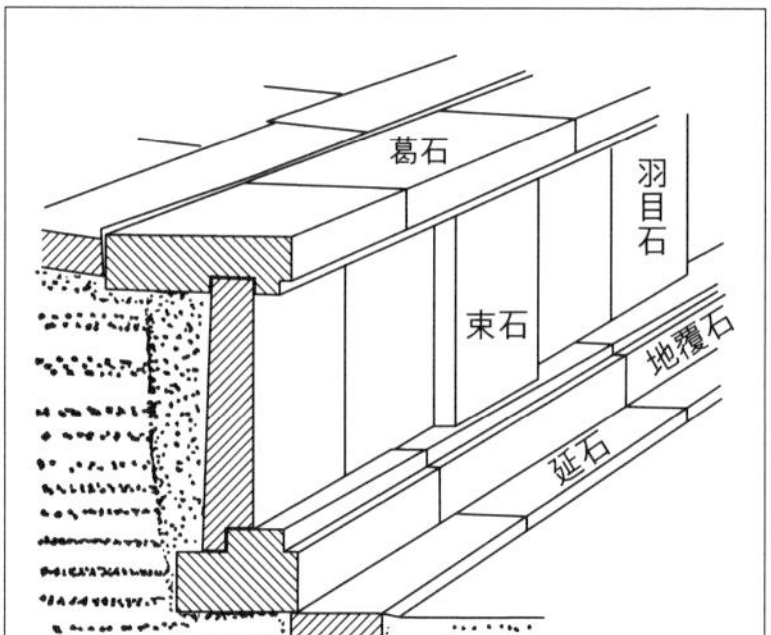

図8-1 基壇の構造略図(田中琢・佐原眞編『日本考古学事典』三省堂、2002より。一部改変)

東塔は現在、明治修理の際に用いられた、花崗岩の切石による基壇外装となっています。石を使う場合でも外装の形状にはさまざまなパターンがあり、東塔の現状は、壇《だん》正積基壇《じょうづみきだん》という本格的な形式です[図8-1]。部材の石は一番下から、地覆石《じふくいし》、束石《つかいし》と羽目石《はめいし》、葛石《かずらいし》と名づけられています。地覆石は横方向に伏せ置いた、長さ約三メートル(以下数値は概数)の細長い石です。その上に置かれるのが束石と羽目石で、束石は横幅がやや狭いものの、奥行きのある柱のような石で、一辺に六石、置かれます。束石と束石のあいだに羽目石が六枚、置かれます。束石と羽目石はいずれも高さ五〇センチです。あとで述べる切石積は、このうち束石が省略されたものです。さらに束石、羽目石を上から抑え込む役割をもつのが葛石です。この石は基壇上面の縁辺となります。基壇上面の舗装には瓦などが用いられることもありますが、その多くは、漆喰《しっくい》を叩き締めたり、切石を敷いたりして仕上げられます。

東塔の場合は、明治と昭和の修理を経て、建物内側は凝灰岩、外側は花崗岩の敷石で覆われるようになりました。発掘調査を開始する直前は、このような基壇外装だったのです。

先に、基壇の内部は土が盛り固められていると述べましたが、実際にどうなっているのかは、発掘してみないことにはわかりません。もしかしたら、内部にはさらに古い時代の、それも創建当初の基壇が残されているかもしれない。そう思うと期待に胸が膨らみましたが、一方、焦ってはいけない、今回の調査の目的はなにかと自分に言い聞かせ、原点に立ち返って以下の点を確認して調査を進めました。

今回の調査の目的は、大きく二つありました。一つは、創建当初の基壇の大きさや構造、材料などを明らかにし、創建期の基壇外装の状況、またそれが後世にどのような改変を受けてきたのかについて調査し、東塔の変遷を明らかにすることです。そしてもう一つが、礎石の不同沈下の原因を解明することでした。まず第一の課題にどう応え、どのような成果が得られたのかを述べ、次節で第二の課題にふれます。

東塔修理の歴史

奈良時代に平城京に移されてから現在に至るまで、絶えることなく法灯が受け継がれてきた薬師寺。しかし、数多くの災害に見舞われてきた歴史があります。

まず平安時代の天禄四（九七三）年、薬師寺は平城京移転後はじめての大火に見舞われました。この火災によって、伽藍の大部分が焼失しましたが、このとき、幸いにも金堂や東塔、西塔は火災を免れました。南北朝時代の康安元（一三六一）年に起きた地震では金堂の二階が傾き、東西両塔のうち一基の九輪が落ち、もう一基が大きく歪んだようですが、東塔の被害の実情は不明です。室町時代の享禄元（一五二八）年には、兵乱によって金堂や講堂、中門、西塔が焼失し、ここに至って、創建以来建ち続けた建物は、東塔を除いてすべて失われました。そして江戸時代の寛永二〇（一六四三）年には、東塔全体が北東へ二〜三尺ほど傾いたといいます。その後、正保元（一六四四）年の修理（正保修理）、明治三一〜三三（一八九八〜一九〇〇）年の半解体修理（明治修理）、昭和二五〜二七（一九五〇〜五二）年の屋根の葺き替え（昭和修理）など、いくどかにわたる修理を経て、平成二一年七月に今回の保存修理事業が始まりました。この足かけ一〇年に及ぶ修理の六年目、平成二六年に建物がすべて解体されて基壇が全面的に露出する状態となりました。ここではじめて、基壇の全面的な発掘調査が可能となったのです。

このように、創建以来の薬師寺の災害の歴史を振り返るだけでも、東塔がいかに運良く、焼失倒壊を免れてきたかが、容易に理解できることと思います。ただし、これらの災害と修理は文献資料に基づく記述です。考古学の立場からは発掘調査の出土資料を用いて、東塔の来歴を語る必要があります。

東塔基壇の変遷

では、今回の発掘調査でどのようなことがわかったのか、まず簡単に東塔基壇の変遷の概要を説明し、そのうえで創建基壇について述べます。

昭和修理の基壇外装の記録が終了すると、いよいよ取り外しです。石材の取り外しに使用するのは専用のミニクレーンで、四本のアウトリガーで車体を支える姿がカニに似ていることからで現場では「カニクレーン」という愛称で呼ばれていました。これによって非常にスムーズに取り外しを進めることができたのです［図8-2］。

石材を外すと、発掘調査前の基壇外装の内側から、裏込めに使われたと考えられる黄褐色の土と大量の礫が姿を現しました。その中には二〇センチを超える長方形の切石も多く含まれており、これらの叩いて石の表面を平らにする手法や、石を六角形に加工して積む技術は近世に多く見られるものでした。明治五年撮影の古写真に写りこんだ基壇外装の形状とも整合します。これらは近世後半に修理された際のものが裏込めに転用されたものと考えられます。また、明治修理前の基壇の平面図も残されており、写真や図面を合わせて考えると、正保修理の基壇西辺の外側に、切石積基壇外装を付け足した状態が復元できそうです。

では、正保修理の基壇はどのようなものであったのでしょう。

基壇東辺の北側で、明治基壇の裏込めを取り除くとその基壇外装が姿を現しました。乱石積と呼ばれる、自然石を石垣のように積み上げた基壇外装です。石は一番下の部分だけが残存していました。面取りして形を整えるといった調整は施されていません。外装を据え付けた土層からは、一七世紀初めまでの土器や瓦が出土しました。このことは、乱石積の基壇外装が正保期に設置されたことを物語っています。この時期の外装は南辺や西辺でも確認されていますが、大半はすでに取り外されていて確認できませんでした。明治修理の際に撤去されたのでしょう。

正保期の基壇外装や土を除去すると、ようやく創建時の版築土と外装が姿を見せました。創建期の外装は凝灰岩です。外装は下半しか残っていませんでしたが、改修が行われるたびに外側に新しい外装が付け足されていったため、創建期のままほとんど壊されることなく、基壇の核となる版築土が残っていたのです。ほぼ手つかずのまま一三〇〇年の歳月を経て、われわれに姿を見せてくれた版築土は、古代の基礎工事を考える材料として貴重であることはいうまでもありません。

創建基壇と掘込地業

ここで創建時の基壇を概観してみましょう。二カ年にわたる発掘調査では、基壇とその周囲も含めて全面的に発掘を行い、さらに地下の状況を確かめるために一部で深く掘り下げるトレンチ調査を行いました。その結果、掘込地業、版築、基壇外装、階段、雨落溝《あまおちみぞ》、石敷などを備えた創建基壇の様子がわかってきました［図8-3］。

掘込地業とは、基壇の大きさに近い範囲を掘り込んで、その中を人工的に埋め固めるもので、一種の地盤改良工事です。東塔では、この掘込地業の前に、一帯を厚さ二五～八〇センチの黄褐色土で整地していますが、これは第一次整地というべき造成作業です。その後、基壇の範囲よりやや広い一辺一五・七メートルの方形の範囲を、深さ四〇～七〇センチ掘り下げたようです。掘込地業底面の標高は基壇中央部が最も高く、全体的に東に向かって傾斜し、西辺より東辺が三〇センチ低くなっています。その理由として、まず創建時の地形や基盤層の堆積状況に合わせて掘削したことが考えられます。掘込地業底部の北辺、東辺、南辺では浅い溝を検出しました。いずれも幅三〇センチ、深さ一〇センチの小規模な溝です。後述しますが、水が湧く環境を考慮に入れると、基壇の内部に溜《たま》る水を排水する機能を果たしていたのではないでしょうか。掘込地業全体が当初より水勾配を考えて計画的になされたものと想定できます。また、直径一〇センチの杭の跡が基壇北辺と南辺で見つかっています。これらは掘込地業の範囲の五～四〇センチ脇に並んでいたことから、その内側を掘削するための目印として打ち込まれた可能性があります。大きな穴が開いたところで、中に土砂を入れて埋めていったのでしょう。掘削前よりも地盤を強固にすることが第一の目的ですから、

図8-2　基壇石材の取り外し

発掘現場で大活躍だった「カニクレーン」（2014年撮影）

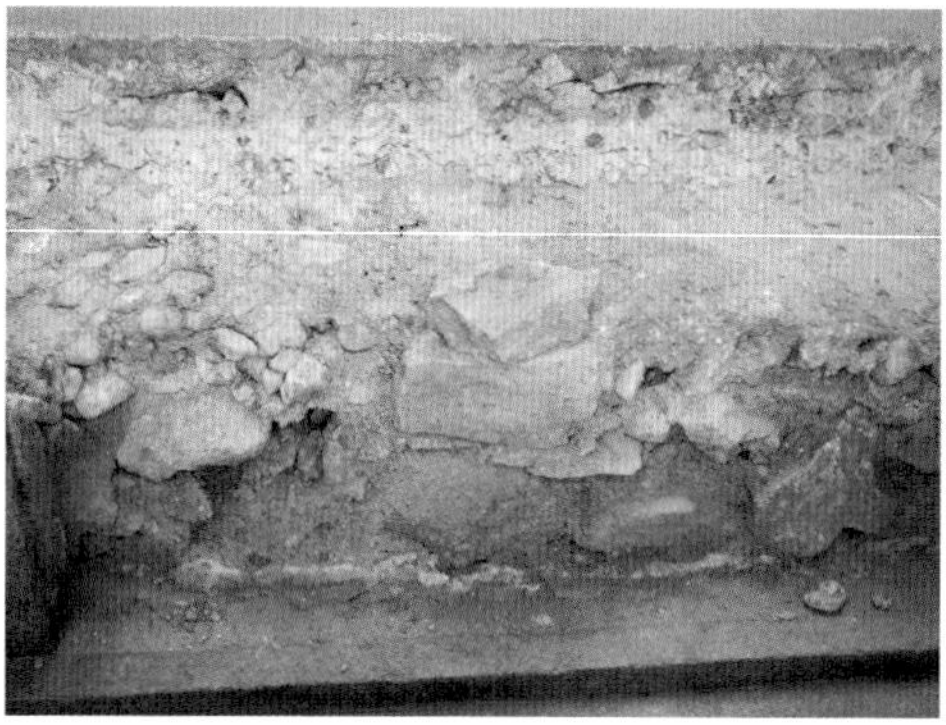

石材を外して現れた裏込めの礫と黄褐色土（2014年撮影）

図8-3　検出した創建時の東塔基壇

発掘調査の結果、基壇外装が良好に残っていたことや、創建時の足場、杭穴、亀裂などの状況が明らかとなった（2015年撮影）

このページの写真すべて朝日新聞社

図8-3（つづき）

基壇や礎石の据え付け方法などを確認するため、地層を調査した後に撮影、北西から（奈良文化財研究所提供）

図8-4　基壇の版築と掘込地業。写真手前の灰色のシルト（粘土）より下が掘込地業、西から（奈良文化財研究所提供）

相応の工夫がされています。それは、粘土と灰白色の砂を交互に水平に盛っていることに見て取れます。粘土は場所によって性質が違うものを使用しており、青灰色や黄褐色を呈していました。基壇の西半と東半とではこの粘土の硬さに違いが見られました。同じ環境下での土の硬さが比較計測できる土壌硬度計を使用して粘土の硬さを調べたところ、東側では硬度一四～二一ミリ、西側では一〇ミリ代前半と、西半のしまりの弱さが明らかとなりました［図8-4］。

掘込地業の最も上の土層からは、植物の根が地中を這うような状態で多数出土しました。現況では通気性が悪く日照もない地点ですから、創建後の生育は考えられません。おそらく掘込地業が埋められた段階で自生したのでしょう。掘込地業完成後、間髪入れずに基壇の構築に取りかかったのではなく、いったん工事を中断していた状況が読み取れます［図8-5］。

円丘状盛土地業

植物がある程度繁茂したのちに、掘込地業の上に基壇を構築する工程を迎えました。東塔では、その第一段階で中央に円丘状の土饅頭を築いたようです。

じつは発掘調査の基壇掘り下げの前に、地中レーダー探査、電気探査、電磁探査などの科学的探査で地中の状況を把握しようと試みました。地中レーダー探査は、アンテナからマイクロ波を地中に発信して、反射を記録する調査方法です。電気探査は電極を差し込んで地中に電流を流して、電極間の比抵抗を計測することで遺構の有無などを推定する方法で、遺跡における地中探査の手法としてよく用いられています。また電磁探査は、専用の機械から電磁波を地中に送り込み、地中の物質の二次磁場を計測する方法です［図8-6］。

結果は、そのいずれの調査でも、基壇の中心部に、周辺の土壌とは違う性質をもった物質が存在することが指摘されました。現場では、これまで知られていない構造物や、別の礎石などが存在するのではないかと期待を膨らませていました。しかし、トレンチ調査で心礎の周囲を掘り下げると、心礎以外の巨大な石は見つかりませんでした。そのかわり、赤茶けた土で、硬度二七ミリと、たいへんな硬さにまで突き固められた土饅頭が検出されたのです。西塔でも、かつての発掘調査でこれと同様の土饅頭が検出されていました。これは「円丘状盛土地業」と呼ばれるもので［図8-7］、礎石直下に施される基礎工事の一種と考えられますが、薬師寺東塔においては心礎直下にだけ施されていることから、その工学的な効果のみならず宗教的な意義についても、検討の必要があると考えています。

基壇の版築と礎石の設置

円丘状盛土地業の後は、版築という工法によって基壇が構築されていきます。版築は、土砂を均一に敷いた上から細長い突棒《つきぼう》で土を突き固め、さらにその上に土砂を敷いてまた突棒で突き固めるという手順を繰り返して造成されます。もともと中国大陸で行われていた工法でしたが、朝鮮半島を経由して日本列島に伝わったことが明らかにされています。中国の黄土地帯では、黄土ばかりを使った版築が多く、土層は一見すると単一の黄色に見えますが、よく観察すると一回、一回の版築単位が見て取れます。一方、薬師寺東塔の版築は、黄土を使用しないのは当然のことですが、その積み上げ方法はやや違った様相を示しています。少し詳細に紹介します。

版築部分の高さは地覆石上面から一・一メートルで、版築一層あたりの厚さは二・五～六センチ、基壇外装も地覆石をはじめとして残りがよく、版築に大きな改変がなされた痕跡も認められないことから、創建以来、版築はほとんど削平されていないと判断できます。その版築層は上下合わせて三〇層前後からなります。また、色の違いなどもあり詳細に観察すると、大きく三つに大別することができました。厚みは上層と中層がともに三〇センチ前後、下層が五〇センチ前後です。版築の上層は非常に硬質な砂質土がメインで、小石が混じっています。中層も粘質土を主体とするやや硬い層ですが、下層はシルト（粘土）と砂利が主体であるというように、上・中・下で性質の異なる土を使い分けていることがわかりました。硬度は上層が三〇～三四ミリ、中層が二三～三一ミリ、下層が七～二九ミリというように、上に行くほど硬い傾向を示します。

中層まで版築した段階で、心礎の据付穴《すえつけあな》（礎石などを設置するために掘り込む穴）を掘削して、心礎を設置しました。他の礎石は上層まで版築が終了した段階で据付穴を掘削して設置したようです。先ほど、硬度の数値を示しましたが、この版築層はとても硬いのです。通常の発掘で土を削る際には、手ガリ（草削り）という道具を用いますが、東塔の版築土はあまりにも硬く、手ガリではまったく歯が立ちませんでした。とにかく硬いのです。そこで、石工が石を削る際に用いる石ノミで版築を一層ずつ割るようにして版築土を取り除いていきました。カンカンと音を立てながら版築土を割ると、ちょうど層と層のあいだできれいに土が肌別れして、上の層がパカンと外れます。そうやって版築土をはがしていきますと、小さな丸い凹みがいくつも現れました［図8-8］。これは版築を築くときに突棒で土を突き固めた跡で、突棒痕跡と呼びます。版築上面の至る所に径四～五センチ程度の突棒痕跡をたくさん確認することがで

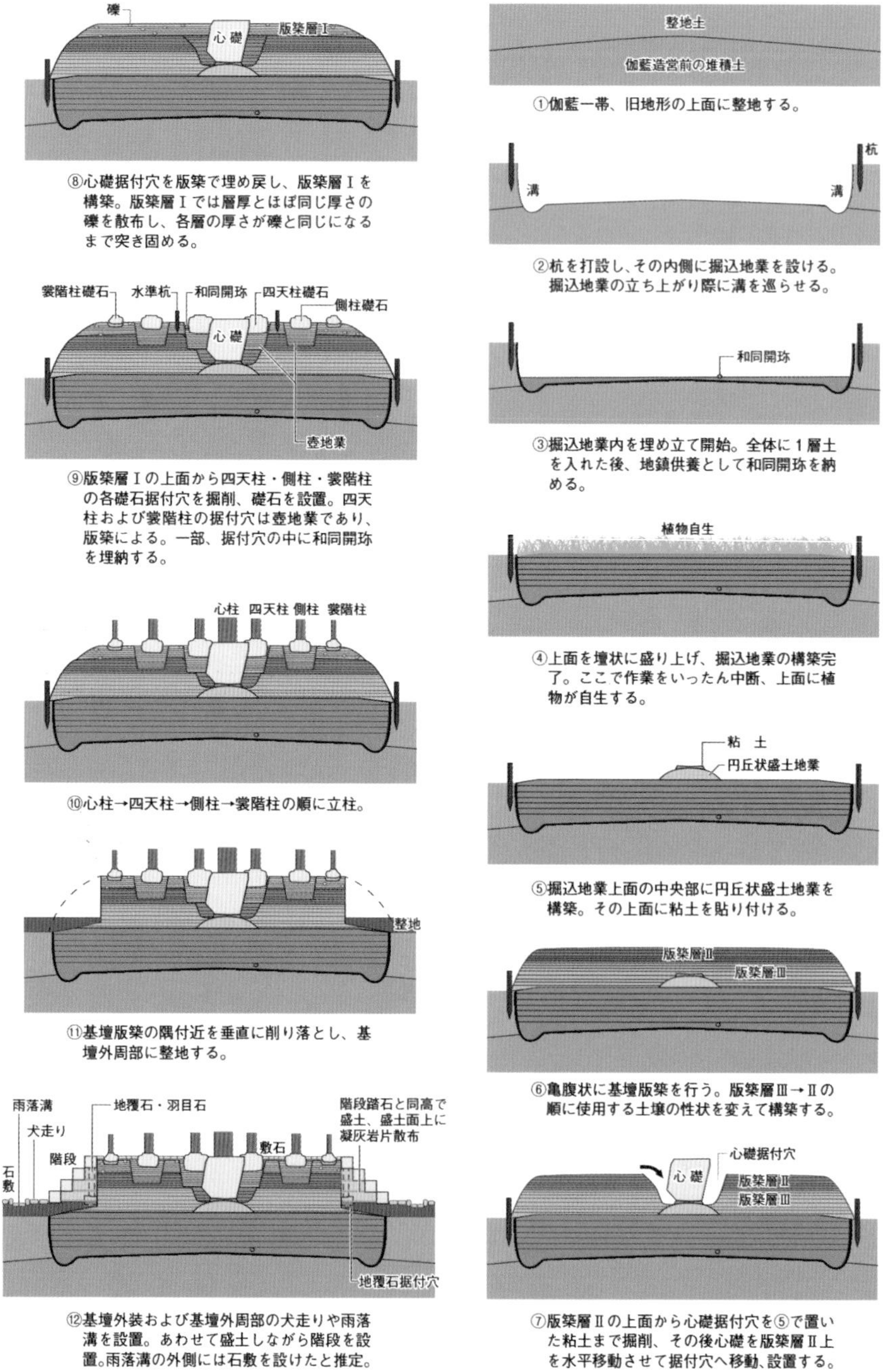
整地土
伽藍造営前の堆積土
①伽藍一帯、旧地形の上面に整地する。
杭
溝
溝
②杭を打設し、その内側に掘込地業を設ける。掘込地業の立ち上がり際に溝を巡らせる。
和同開珎
③掘込地業内を埋め立て開始。全体に1層土を入れた後、地鎮供養として和同開珎を納める。
植物自生
④上面を壇状に盛り上げ、掘込地業の構築完了。ここで作業をいったん中断、上面に植物が自生する。
粘　土
円丘状盛土地業
⑤掘込地業上面の中央部に円丘状盛土地業を構築。その上面に粘土を貼り付ける。
版築層Ⅱ
版築層Ⅲ
⑥亀腹状に基壇版築を行う。版築層Ⅲ→Ⅱの順に使用する土壌の性状を変えて構築する。
心礎
心礎据付穴
版築層Ⅱ
版築層Ⅲ
⑦版築層Ⅱの上面から心礎据付穴を⑤で置いた粘土まで掘削、その後心礎を版築層Ⅱ上を水平移動させて据付穴へ移動、設置する。
礫
心礎
版築層Ⅰ
⑧心礎据付穴を版築で埋め戻し、版築層Ⅰを構築。版築層Ⅰでは層厚とほぼ同じ厚さの礫を散布し、各層の厚さが礫と同じになるまで突き固める。
裳階柱礎石
水準杭
和同開珎
四天柱礎石
側柱礎石
心礎
壺地業
⑨版築層Ⅰの上面から四天柱・側柱・裳階柱の各礎石据付穴を掘削、礎石を設置。四天柱および裳階柱の据付穴は壺地業であり、版築による。一部、据付穴の中に和同開珎を埋納する。
心柱
四天柱
側柱
裳階柱
⑩心柱→四天柱→側柱→裳階柱の順に立柱。
整地
⑪基壇版築の隅付近を垂直に削り落とし、基壇外周部に整地する。
雨落溝
犬走り
階段
石敷
地覆石・羽目石
敷石
階段踏石と同高で盛土、盛土面上に凝灰岩片散布
地覆石据付穴
⑫基壇外装および基壇外周部の犬走りや雨落溝を設置。あわせて盛土しながら階段を設置。雨落溝の外側には石敷を設けたと推定。

図8-5　東塔基壇の構築過程模式図（奈良文化財研究所・奈良県立橿原考古学研究所編『薬師寺東塔基壇——国宝薬師寺東塔保存修理事業にともなう発掘調査概報』薬師寺、2016、75頁、第78図より）

図8-6　地中の科学的探査の様子（2015年撮影、朝日新聞社）

図8-7　心礎直下の円丘状盛土地業。写真奥が心礎の下端、中心付近の高まりが円丘状盛土地業、西から（奈良文化財研究所提供）

図8-8　礎石の周囲の突棒の痕跡（2015年撮影、朝日新聞社）

図8-9　写真中央、下端部分が残るのが羽目石、その下に並ぶのが地覆石、その外側に広がる石敷きは犬走り、北西から（奈良文化財研究所提供）

きました。特に心礎近くの四天柱礎石の据付穴は突棒痕跡がはっきりと密に残っていて、礎石を据えたときに入念に突き固められたことが見て取れます。

版築の硬さについては経年変化を割り引いて考えなくてはなりませんが、それにしても土台を強く突き固めてから、再び据付穴を掘削しているのです。その骨折りには驚嘆するほかありません（礎石については、次節でさらに詳しく説明します）。

建物部分の建設開始とともに、版築の周囲を垂直に削り落とします。中国や朝鮮半島における本格的な版築の例では、外側を堰板《せきいた》で囲った中を突棒で突き固めますが、日本で堰板の痕跡が見つかった基壇の例は、平城宮第二次大極殿の基壇などごくわずかで、はたして東塔でこの堰板が使われたかどうか、もう少し議論を深めなくてはなりません。

そして、版築部分のすぐ外側に整地を施しました。これは第二次整地と呼ぶべき作業で、基壇外装や雨落溝、犬走りなどを設置するための準備です。

基壇外装と周囲の施設

創建時の基壇外装は切石積基壇でした。これは地覆石の上に羽目石を立て、さらに葛石を載せるもので、束石もあわせて用いる壇正積よりは初歩的な形式です。ただし残念なことに発掘では葛石は確認できませんでした。創建時の基壇外装を含めた基壇の規模は、東西一三・三メートル、南北一三・四メートル、地覆石上面から基壇上面の敷石までの高さは、推定で一・三メートル前後です。凝灰岩製の羽目石の一部やほとんどすべての地覆石が残っている状況を確認することができました［図8-9］。また、地覆石にはさまざまな石種の石材が用いられていました。石種によって色調が異なるため、カラフルな印象が残ります。西塔の地覆石がすべて白色の花崗岩に揃えられ、統一感が感じられるのとは対照的です。

地覆石の外側には、径二〇～五〇センチほどの花崗岩や片麻岩など数種類からなる玉石を二列に敷いた犬走りがめぐっています。犬走りの外側の雨落溝は、後世に基壇外装が改修された際に壊されており、残りはよくありません。

現状の基壇では、階段は西面のみですが、今回の調査では、東西南北各面の中央で創建期の階段の地覆石の一部を確認することができました。それぞれの階段に残っていた地覆石は、いずれも基壇外装の地覆石とは異なり、すべて凝灰岩製です。この階段の設置をもって、基壇の構築が完了したのでしょう。

なお基壇上面の敷石については、創建時の原位置を保つものはありませんでした。前述した、明治修理の際に再利用可能であったものが建物内部の東半分に敷き詰められています。敷石として再利用されたものの中には、本来基壇外装の部材であったものも含まれており、創建基壇の羽目石と考えられる個体もあります。確実に葛石から転用されたと断定できるものはありませんでした。

以上本節では、基壇の構築過程の復元を試みました。東塔が奈良時代前半の建築基壇を代表する良好な資料であることをご理解いただけたと思います。葛石は不明ですが、基壇外装、犬走り、雨落溝、階段といった要素がトータルに復元可能で、なおかつ掘込地業、版築土、礎石といった中心部分が完存していました。古代寺院としては稀有な存在といえるでしょう。もとの基壇をなるべく損壊しないよう、外側に外装を付加するような形で、近世、明治の修理が行われたこともその要因と考えられます。

二　沈んでいた礎石とその原因

礎石の不同沈下

基壇上面には三七基の礎石が配置されています。基壇中央にある心柱を載せる心礎。その心礎を取り囲む四つの四天柱礎石、そのさらに外側に配された側柱礎石、そして一番外側には裳階柱礎石と呼ばれる比較的小さな礎石がめぐっています。礎石は瓦葺き建物という重量物から受ける圧力を緩和し、柱の沈下を抑えるための構造物であり、創建以来、一三〇〇年受け続けた荷重のために、どの礎石も沈下していました。調査では創建基壇の版築層上面の至る所に亀裂が入っていることが見受けられましたが、北西隅の側柱周辺の亀裂は特に顕著でした。平面が一様に沈下するのであればまだましですが、不均等に沈下が進行する場合、その上部構造に対して深刻な影響が発生します。

東塔の礎石の不同沈下について、やや詳しく説明するため、礎石の番付を確認しておきましょう。番付とは、ある種の部材を個体識別するために便宜的に付ける番号のことで、礎石の場合、多くは、平仮名と漢数字の組み合わせで示します。薬師寺東塔の場合、南から北へ順に「い」「ろ」「は」「に」「ほ」「へ」。西から東へ順に「一」「二」「三」「四」「五」「六」。たとえば、北西隅の裳階柱礎石の呼称は、礎石「へ一」となり、南東隅の側柱礎石なら礎石「ろ五」となります。

さて、創建時の基壇は、側面から見ても礎石の高さが不揃いになっていることがうかがえます［図8-10］。特に基壇西半を北から眺めれば、礎石「ほ二」が一段と大きく沈

図8-10　基壇西側の不同沈下した礎石

本来水平であるはずの礎石の上面が傾斜しており、沈み込んだことがわかる（「ほ二」は右端、下から２番目）、北から（奈良文化財研究所提供）

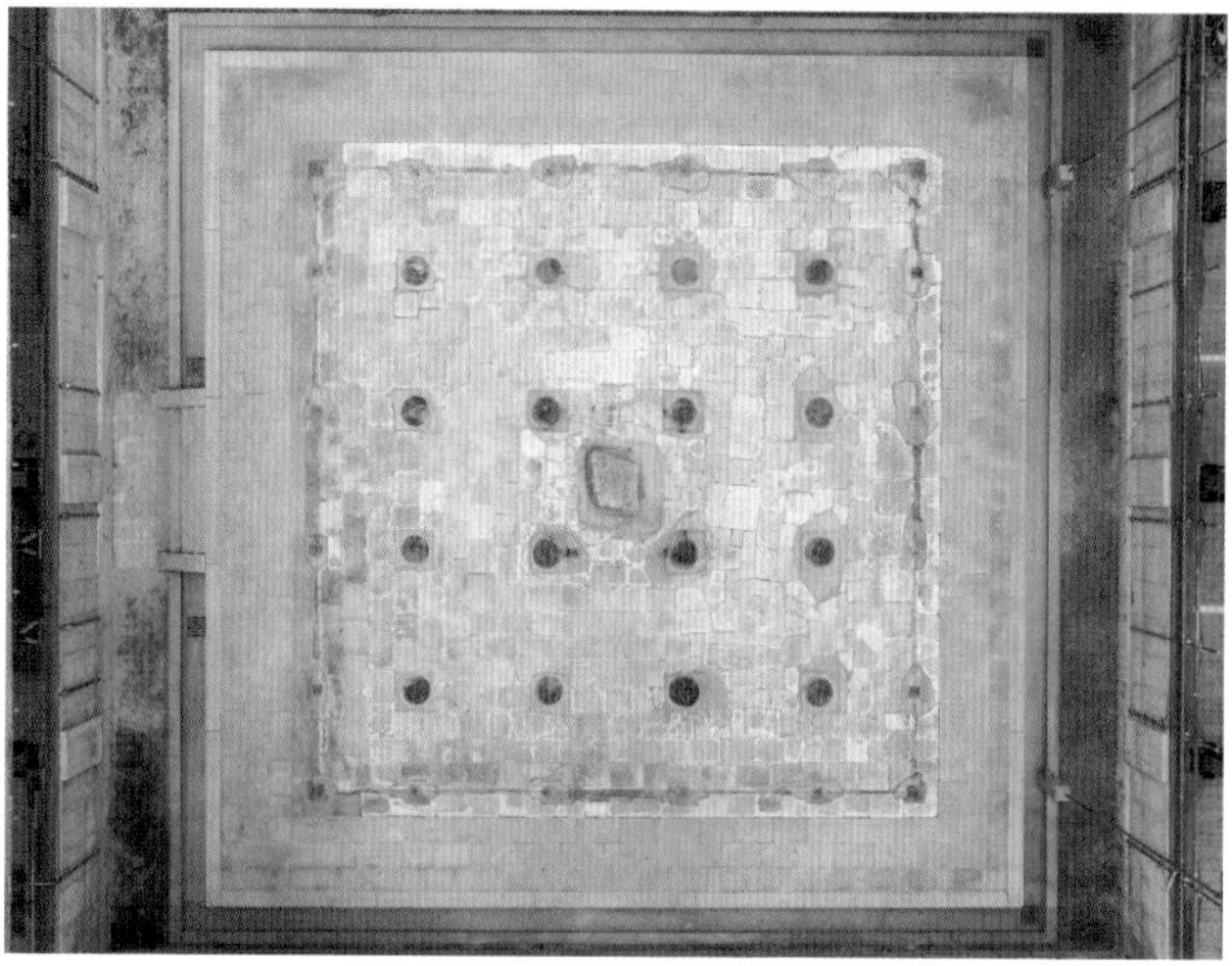

発掘調査前の基壇上面。上が北（奈良文化財研究所提供）

明治修理時に当初の礎石「ほ二」の上に追加して置き重ねられた花崗岩切石
（2015年撮影、朝日新聞社）

み込んでいる様子が一目瞭然でしょう。調査によって、相対的に基壇西半分の礎石の沈下の度合いが大きく、その中でも、北西隅の側柱礎石である礎石「ほ二」が最も大きく沈み込んでいることが判明しました。また、この礎石は不同沈下によって当初の柱位置から北西側へずれているため、明治修理の際に、平面方形の花崗岩切石を創建礎石の上に置いて、柱を置く土台である柱座としていました。

　東南隅の礎石「ろ五」、西南隅の礎石「ろ二」、西北隅の礎石「ほ二」の標高を比べると、西側が東側の礎石より一三〜二〇センチ低くなっています。東側では顕著な礎石の沈み込みが見られませんでした。一体どうしてこうした沈み込みのばらつきが生じたのか、さらに深く掘り下げて考えていきましょう。

（米川裕治）

消えた砂

　平成二六年七月、東塔基壇の地下部分の地耐力検査を実施しました。いわゆるボーリング調査ですが、東塔を受け止めるだけの地耐力の有無は、修理方針を決めるうえでも重要な情報です。小さいとはいえ、基壇の上面から地下まで穴を開けたため、開いた穴はボーリング終了後に砂で埋め戻しました。

　ところがその年の一二月、基壇上面を発掘調査中になにげなくボーリングの痕を見ると、数カ月前に埋め戻したはずのボーリングの穴が、なぜかぽっかりと空いています。あれ？　砂が消えているぞ、たしかに埋め戻したはずなのに「なんで？」と頭の中は疑問符だらけ。早速に懐中電灯をつけ、空いた穴をのぞきこんでみると、暗がりの中、ライトに照らし出されてゆらゆらと水面が見えるではないですか。ふと、谷崎潤一郎の『陰翳礼讃』に描写された世界のようだなと思いつつも、さてはこの水が埋め戻した砂を流しやったのかと、おおよその察しがつきました。しかし、この時点で水の挙動についてはまったく不明でした。

　その後ボーリング調査の結果などをふまえ、基壇内のトレンチ調査部と外周に杭を打設することが決まり、平成二七年の夏に打設点の発掘調査を行うことになりました。掘込地業も調査対象となったため、基壇やその周囲で掘込地業の状態をつぶさに観察することができました。

湧水の多さ

　掘込地業を掘削して次第に明らかになってきたのが、その湧水量の多さでした。心礎を挟んで東西に細長く断ち割りましたが、トレンチを掘り下げるとすぐに水に浸《つ》かってしまいます。写真撮影を行う前に水抜きをしても、撮影時には写真のとおり［図8－11］。湧水する地点の標高と、先のボーリングで空いた穴の底に溜まる水面の標高はまったく同じでした。抜けてしまったボーリング痕の埋め砂は、この湧水によって流されてしまったことが明白でした。

東塔の地下でこれだけ湧水が激しいのは、東塔造営時からおそらく変わらないでしょう。であれば造営当時、排水の対策も取ったはずです。そう推定しつつ掘込地業の断面を観察していると、あることに気づきました。掘込地業内部では、シルトと砂とを交互に積み重ねているのです。東塔基壇の土壌分析を担当した奈良文化財研究所埋蔵文化財センターの村田泰輔さんによれば、水を透しにくいシルトばかり積み重ねると、水の逃げ場がなくなってしまう、そのためシルトのあいだに砂を挟んで、砂から外へ水が逃げる工夫を施したのだろうとのこと。この話を聞き、なるほど、水の挙動を念頭に、砂を意図的に入れて掘込地業を構築したのか、八九頁でふれた排水溝や水勾配なども含めて、東塔の造営はじつによく考えられているなと、調査メンバーで感心しきりでした。

しかし、すでに述べたように、基壇西側の礎石は二〇センチ以上、沈み込んでいます。その原因はどこにあるのでしょうか。東塔の地下では水の挙動が顕著であり、この流水が掘込地業内の砂まで押し流してしまったのでしょう。水の挙動という点からいえば、基壇の西側がより顕著で、この挙動によって砂は押し流され、掘込地業内の砂層が消失し、それでできた空隙に、上からシルトや基壇土が落ち込む。それに伴って礎石も落ち込み、結果として礎石が沈み込んだ、このように不同沈下に至るメカニズムが復元できます。いくら排水を考慮したところで、掘込地業を構成する土砂が流されて、隙間ができてしまえば、どうしても不同沈下を免れません。地下水の挙動が激しい東塔の立地環境を考えると、やむをえなかったのでしょう。薬師寺は、藤原京に造営された本薬師寺の伽藍配置を踏襲しているので、東塔の位置は大きく変えることができず、東塔造営のまさに「限界だった」のかもしれません。

東塔の地下ではかなりの流水が造営当初からあったと推測されますが、これには相応の理由があります。というのも、建物の修理を担当する奈良県文化財保存事務所によると、東塔建立後に不同沈下が起こったために建物の部材を補修したという痕跡はあまり認められないのです。つまり、東塔建設時にはすでに不同沈下が引き起こされて礎石が沈み込み、沈み込んだ礎石の上に柱を立てたと考えたほうが理解しやすいのです。言葉を換えると、長い期間をかけて徐々に礎石が沈み込んでいったのではなく、建立当初に沈み込み、沈み込んだ状態で躯体工事に入ったと考えられます。竣工後に不同沈下が現れれば、その対応は困難を極めたことでしょう。東塔が斜塔とならず、今に壮麗な姿を伝えるのも、不同沈下が造営当初から起こったという、いわば不幸中の幸いだったのかもしれません。

水と切り離せない環境

東塔基壇の発掘調査中に、何度か大雨を経験しましたが、そのたびに東塔の周囲にすごい勢いで水が流れ込んでくるのを目にしました。その後、水浸しになった調査区を復旧するのに時間を取られ、思うように調査が進まなかったことを思い出します。

薬師寺の方々に聞くと、以前は大雨が降ると、東塔の周囲が水浸しになり、水面に姿を映す東塔が竜宮城のごとく見えたといいます。地下に水の通り道が存在することはすでに述べましたが、東塔周辺の標高は伽藍内でも低く、水が流入しやすい地形的環境にあります［図8-12］。

東塔から東回廊を挟んですぐ東に、南北に長い東院堂（鎌倉時代、国宝）があります。創建時の東院堂は現在とは九〇度回転した状態、つまり東西に長い建物でした。それはさておき、東塔と隣接していることもあって、東院堂の周辺も東塔周囲と同じく伽藍のなかでは標高の低い地点にあります。

こうした状況から、東塔や東院堂の周囲では、相当量の降雨があると一帯が冠水し、そうでなくとも、降水があれば一帯の湿度が高くなることはいうまでもありません。言い換えると、東塔の周辺は常にジメジメとした環境に置かれているのです。こうした水と切り離せない環境が木造建造物に与える影響は、どう考えてもよい方向に作用するとは思えません。木材などが腐食しやすくなるでしょうから。

ところが、東塔は一三〇〇年ものあいだ、幾多もの災害を乗り越えて守られてきました。東院堂も鎌倉時代の再建以降、失われずにその偉容を保ってきたのです。むろん、こうした背景にこれら歴史的な建造物を守り伝えてきた先人たちの努力があったことに異論を唱えるつもりはありません。ただ、東塔周辺の湿潤な環境が、こと火災の場合、「燃えにくい」状況を生み出すことになるでしょう。東塔と東院堂、伽藍東側二棟の建造物が長く残ってきたのには周囲の環境が果たした役割も大きかったのではないでしょうか。人びとの尽力（信仰）と、自然が生み出す環境、この双方が作用して現在まで伝えられてきた所産なのだと思わずにはいられません。これこそ、足かけ二年に及ぶ発掘調査を通じて、筆者が抱いた偽らざる感懐です。

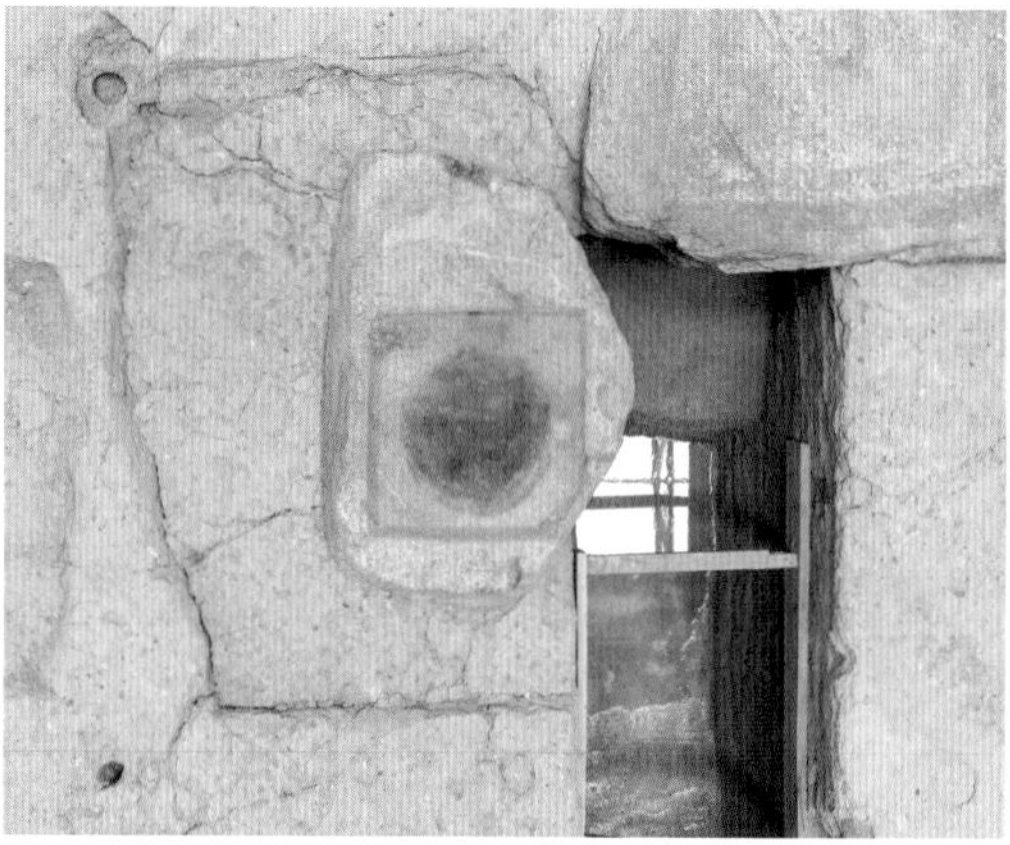

図8-11　心礎と四天柱礎石。真上から撮影したが、右上に見える心礎のすぐ下に円丘状盛土地業が見える。その外側は湧水で天井が写り込んでいる（奈良文化財研究所提供）

図8-12　基壇の周囲は常に水が染み出していた。手前の、光が反射しているあたりが水たまりだ（2016年撮影、朝日新聞社）

三　東塔造営の地鎮供養

和同開珎が出てきた!

平成二七年七月二七日の月曜日、梅雨明けした奈良はとても暑かったことを鮮明に覚えています。前夜に出張から帰寧したばかりの疲れた身体には堪《こた》える暑さで、週明けから体調的にもしんどくて、これだけの酷暑の中で一週間体力がもつかな……と若干不安を覚える週明けでした。

週明け初日の作業日は、掘込地業の掘削がいよいよ大詰めを迎え、掘込地業内の層序を調べることや、排土をふるいがけして、遺物を回収する作業などを行っていました。前述したように、掘るとすぐに水が湧いてきます。遺跡調査では、しばしば調査区で検出した各種遺構の写真を撮影しますが、調査区内を清掃し、一五分後にいざ撮影となると、すでに調査区内は水に浸かっている、の繰り返しでした。そのため、遺物の出土状態をつぶさに記録することがとても難しく、掘った土を細かくして遺物を回収する作業が欠かせませんでした。

昼前のことです。排土のふるいがけをしていたメンバー

図8-13　掘込地業から出土した和同開珎

和同開珎が出土した場所を見学する関係者ら。基壇の版築の重なりがよくわかる（2015年撮影、朝日新聞社）

緑青がまったく付着せず、鋳上がりもよく、銭文のシャープな残存状態からみて、新品の和同開珎が地鎮め供養に使われたとみられる（奈良文化財研究所提供）

から声があがりました。「先生！　銭です！　ほら！　エライもんが出てきましたわー！」作業員さんのとりまとめ役であるSさんの手のひらには、新品の一〇円玉のごとく赤銅色の輝きを放つ和同開珎が三点。あまりのまばゆい輝きに到底古い遺物とは思えず、「えー!?　これ偽物ちゃいますか？」と思わず口をついて出てしまいました。しかし、Sさんは出土位置を指さしながら「いやいや、ここで出てきたヤツですねん。ホンマですわ」と真顔でいいます。普段よく冗談をいって笑っているときのSさんの顔つきと、明らかに違っています。

たしかに冗談をいう状況ではありません。事実ならば、これはきわめて重要な発見となります。排土は層位と地区ごとに取り上げられて仮保管していたこと、その場所の掘り下げを担当していたSさんが排土を土嚢《どのう》袋に入れた場所も覚えていてくれたため、おおよその位置情報の把握はできます。しかし湧水が激しく、通常の発掘調査のように乾燥した状態で出土位置を把握することが難しく、出土状態を記録することは叶いませんでした。ここが出土場所だという円丘状盛土地業のすぐ脇を眺めつつ、出土状態を記録できなかった自分の不甲斐なさを恨めしく思っていました。しかし、まだ和同開珎が残されているかもしれないので、慎重に掘り進めるように作業員さんに指示しつつ、出土した和同開珎をふと見ると、先ほどまでの輝きが薄れ、黒ずんできたように見えるのです。ひょっとすると、一三〇〇年間の記憶をすぐさま取り戻そうとしているのでしょうか？　C・W・ツェーラムの名著『神・墓・学者』には、棺の蓋をあけて外気に触れた瞬間、当時のままだったエトルリア人戦士の遺骸が崩れ去っていく逸話が紹介されています。かのツタンカーメン王墓の発掘調査でも、外気に触れた棺上の花が崩れ去っていったという有名なエピソードがあります。そのようなことが頭の中に去来しましたが「とにかく、すぐにメモ写真を撮っておこう！」との共同調査者の一言でわれに返り、礎石の上に並べてすぐさま、メモ程度ではありますが、写真を撮影しました。翌日、出土地点付近の掘削土からもう一点出土し、掘込地業の底付近で出土した和同開珎は計四点となりました［図8-13］。

筆者には、銭貨の取り上げについて、後悔の念とともに忘れることのできない経験がありました。かつて所属した奈良文化財研究所入所後四カ月、平成一九年一一月、藤原宮大極殿南門の発掘調査のおり、調査の最終盤で須恵器平《ひら》瓶《か》に納められた富本銭と水晶九点ずつが出土しました。現在では、当該品のレプリカが日本銀行の貨幣博物館に展示されているほど、貨幣史的にも重要な資料となったものです。日本最古の流通貨幣とされる富本銭、そして藤原宮期の所産とみてまず間違いない尾《び》北窯《ほくよう》産（愛知県）の須恵器の出土。すぐさま『日本書紀』持統天皇六（六九二）年五月二三日条にある藤原宮の鎮祭《ちんさい》の記事が思い浮かびました。ひょっとすると、史書に記された鎮祭そのものを、自分は今、手にしているのかもしれないと思うと、手が震えました。「これは大変だ」と興奮しすぎるあまり、その後の取り上げ作業に慎重さを欠き、上司に厳しく注意されたのでした。

薬師寺東塔での発見は出土した原位置から動いた状態であり、正確な記録が残せません。そのときのことを思い出し、ああ、また絞られるだろうな……と、いつしか出土時の興奮は急速に小さくなっていきました。

その日の調査が終わり、恐る恐る報告へ行き、出土した和同開珎を見せ、合わせて原位置で記録が作成できなかったことを上司に詫びました。すると上司は穏やかな口調で、湧水が激しい状況で原位置を記録するのは困難であるからこれは仕方がない、むしろ出土した意義付けとこれからの取り扱いが重要だぞ、と和同開珎の保管や調査、記録について矢継ぎ早に指示されました。怒られるとばかり考えていた筆者は、調査者とはかくあるべしと、肝に銘じました。気づくと、朝に感じていた疲労感などは、どこかへ吹き飛んでいました。

和同開弥出土の意義

　ここで和同開弥の出土状態について整理しておきましょう。和同開弥は心礎東辺から東へ一・三メートル付近、基壇上面から一・七メートル下の掘込地業の底部付近から合計四点出土しました。和同開弥のうち二点は完形、残る二点は一部腐食しているものの、ともに残りはよく、すべていわゆる「新和同」[注]（「古和同」よりも薄手で鋳上がりがよく、字体も異なる）で、同一層から散乱した状態で出土しました。なお、和同開弥が出土した土層については、銭貨以外の地鎮具の存否を確認するためすべて洗浄しましたが、なにも出土しませんでした。

　今回出土の和同開弥は、出土状態から見て東塔基壇造成に伴う地鎮め供養の遺物と考えられます。さらに、掘込地業の下底部近くにあったことから、東塔造営のごく初期に地鎮め供養を行ったことも明らかとなりました。

　なお東塔では、初年度の調査で和同開弥が礎石「に三」「へ五」の据付穴から一点ずつ出土しており、今回の発見で合計六点となりました。礎石は、基壇の版築を終えた後に据え付けられていることから、基壇造成の後半段階に位置づけられます。この二点も地鎮め供養として用いられたと考えると、銭を用いた地鎮め供養は、基壇造成の進捗に応じて複数回行われた可能性が高いでしょう。

地鎮め供養の事例

　次に類例を探っていくと、これまでに寺院堂宇の基壇造成に伴い地鎮め供養を行ったとされる例は、川原寺塔、元興寺塔、法華寺塔、由義寺塔、西大寺東塔・西塔、興福寺南円堂、醍醐寺五重塔の八例で、東塔を加えると九例を数えます。ただし東塔と同様、基壇の掘込地業で銭貨を用いる地鎮め供養を行った例は、これまで西大寺東塔でしか確認されておらず、東塔が二例目、かつ最古の例となります。また心礎据付穴から無文銀銭および金銅円盤が出土した川原寺塔を除き、地鎮め供養は、奈良時代後半以降の例ばかりでした。今回、天平二（七三〇）年建立と伝えられる東塔でも、銭貨を用いた地鎮め供養の存在が明らかとなったわけです。これにより、基壇造成時に銭を使った地鎮め供養の例のうち、広く流通した貨幣を用いたものとしては、今のところ東塔が最古の例として位置づけられることとなります。

　さらに、出土した和同開弥の銭范《せんぱん》（鋳型）が天平二年以前と、年代を絞り込むことが可能となりました。出土した和同開弥は磨れた痕跡が皆無であるため新銭と考えられ、おそらく鋳造後ほどなくして地鎮め供養に供されたのでしょう。和同開弥の鋳造年代はおおよそ判明しているものの、銭范の年代まで特定できた例はこれまでになく、今回

図8-14　調査後の新基壇造成

新基壇を支えるため、地中に打ち込む杭が東塔の素屋根に運び込まれる（2016年撮影）

杭打ち作業の様子は文化財建築の現場というより、さながら小さな工場のようだ（2016年撮影）

この見開きの写真すべて朝日新聞社

図8-14（つづき）

新基壇の「骨組み」となる、青い樹脂巻きの鉄筋が施されていく（2016年撮影）

発掘調査のために外されていた石敷きを元の位置に戻す。新基壇の下で保存するためだ（2016年撮影）

出土した和同開珎は、年代の定点を有する稀少な例として大きな価値をもった、古代の貨幣史を考えるうえでも第一級の資料と評価できます。

容器を用いる地鎮め、用いない地鎮め

東塔では、地鎮めの儀式に際し、銭貨を撒《ま》く行為があったと推定できます。「撒く」と書きましたが、これは銭貨を納める容器がないことなどから、こう類推できます。先に、筆者が発掘調査に加わった藤原宮大極殿南門の地鎮具に言及しましたが、こちらは須恵器平瓶に銭貨や水晶が納められていました。対して東塔ではこうした容器はどこにも認められません。加えて、東塔では礎石の据付穴などからも和同開珎が出土しており、掘込地業の構築、さらに工程が進んで基壇の構築や礎石の据え付けといった段階にも和同開珎を撒いた可能性が高いのです。銭を撒き散らすといった行為は、先の藤原宮大極殿南門の例とは異なっており、地鎮めの儀式と一言で括ってしまうことは可能ですが、鎮めの対象によって内容を変えていたように考えられます。

では、東塔で行われた地鎮めの儀式とはなにか。先にも少しふれましたが、『日本書紀』持統天皇六（六九二）年五月二三日条に「浄広肆難波王《じょうこうしなにわのおおきみら》等を遣《つかわ》して、藤原の宮地《みやどころ》を鎮め祭らしむ」とあります。宮地とは、藤原宮一帯の土地をさしますが、こうした一定程度の広さをもった「土地」に対して地鎮めを行う場合、その大半で容器が用いられます。藤原宮の例にとどまらず、横大路や平城宮東院地区、法隆寺の伽藍全体など、特定の建物というよりもむしろ土地一帯を対象とした鎮祭には、必ずといってよいほど容器を伴うのです。

これに対して西大寺の塔や興福寺南円堂、醍醐寺五重塔などでは、銭貨を容器に納めずに撒いたと考えられます。特定の建物に対して地鎮め供養を行う場合には、現代にも残る地鎮祭や葬式から帰宅した際、米や塩を撒くのと同様に銭貨を撒いたのでしょう。地鎮具に欠かせない文物ともいえる銭貨は、穢《けが》れを浄化する装置として、米と同様の役割が期待されたとの推定があります（松村　二〇〇九）。この説に見られるように、建物造営に際して建物を造営する土地について清浄を願い、散華のごとく銭貨を撒いたと考えられないでしょうか。

以上を要するに、特定の建物に対して修する地鎮めは、清浄を期待して銭貨を撒くものでした。対して寺院や宮殿といった施設全体の地鎮めを行う場合は、容器に銭貨などを納めて埋納するといった方法が取られました。容器の有無により、地鎮め供養の内容は異なっていた可能性が高いといえるでしょう（青木　二〇一八）。

おわりに

以上、薬師寺東塔の発掘調査成果を概観し、礎石が不同沈下した理由や、和同開珎を用いた地鎮め供養についてもふれてきました。湧水量の多い地形的環境下にあって、東塔の造営は数多くの難題を抱えながら進められたに違いありません。

その建立には限界はあったのでしょうが、発掘調査を通じて見えてきたのは限界ばかりではありません。一節で述べたように基壇構築は丁寧かつ整美なものでした。手抜きがいっさい感じられない突棒痕跡など、その愚直なまでに塔造りを進めた人びとの「一途さ」に驚嘆したことは、一度や二度ではありません。また、古代の人びとの「こころ」が感じ取れる一面もたしかにありました。すでに述べたとおり、基壇の版築はとても硬く、通常の発掘調査機材では歯が立ちませんでした。これほど硬質な基壇を構築した理由は、重量がかさむ東塔を支えるためであったことは想像に難くありません。しかし、発掘調査を通して感じたことは、それ以外にも理由があるのではないかという点でした。

あらためて版築の特徴について触れますが、基壇上面から下へ三〇センチあたりまでの版築が特に硬質でした（93ページでいう上層に該当します）。ところが柱を支える礎石は、三〇センチ以上の厚みがあり、それよりも下の版築層が受け止めているのです。つまり、上部の厚さ三〇センチの版築は、直接的に建物の荷重を受け止める役割をもちません。なのに、どうして上部の版築をこれほどまでに硬く仕上げたのでしょうか。

基壇の上、塔の初重内には釈尊の生誕から入滅までの八相を、東塔・西塔にそれぞれ四相ずつ配していたことが知られます。塔の中心を貫く心柱は、天と地とをつなぐ垂直軸であり、塔が世界の中心を広く知らしめる存在であったといいます（武澤　二〇一四）。と同時に、釈尊の遺骨を奉安する施設でもある塔は、まさに釈尊を体現する施設でもありました。釈尊を体現する空間、つまり初重に接する基壇の上面を一段と入念に構築したと考えても、なんら問題はないでしょう。とどのつまり、きわめて強固に造られた東塔の基壇は、信仰の発露ともいえるのではないでしょうか（青木　二〇一七）。

信仰の存在を静かに語りかけてくる東塔は、機能性や効率といった側面ばかりを重視して理解しようとするわれわれを強く戒めているかのようでもありました。

本章後半でふれた湧水に伴う水の挙動は、東塔の造営当初から注意されていたはずです。湿地であった一帯を整地し、そこへ壮大な伽藍を造営するには、細心の注意を払って工事を進めたに違いありません。そのために土地神に対する祈りを捧げ、工事の安全と竣工、そして伽藍と薬師寺の繁栄を祈念したのだと考えられます。困難な土壌環境に対し、当時の人びとがどのように向き合い、いかなる工夫を凝らして造営したのか、そしてそこに織り込められていたに違いない信仰の存在。東塔基壇の発掘調査は、そんなことを教えてくれる、まさに国宝中の国宝でした。

（青木　敬）

[注]

和同開珎は、和銅元（七〇八）年五月に初鋳され、まず銀銭が発行されました。続く七月から銅銭の鋳造が始まり、八月に発行されたと『続日本紀』にあり、これらが「古和同」とされるものです。翌和銅二年八月に銀銭が廃され、この後に鋳造された銅銭が「新和同」とされます。

[参考文献]

青木敬『土木技術の古代史』歴史文化ライブラリー四五三、吉川弘文館、二〇一七

青木敬「일본 고대 도성 조영의 진제（鎮祭）와 수변（水辺）의 제사」『木簡 과 文字』第二〇号、韓国木簡学会（韓国語）二〇一八

武澤秀一『大仏はなぜこれほど巨大なのか——権力者たちの宗教建築』平凡社新書七五六、二〇一四

独立行政法人国立文化財機構奈良文化財研究所・奈良県立橿原考古学研究所（編）『薬師寺東塔基壇——国宝薬師寺東塔保存修理事業にともなう発掘調査概報』薬師寺、二〇一六

松村恵司「律令祭祀と銭貨」次山淳・松村恵司編『出土銭貨研究の課題と展望——平成21年度研究集会報告書』二〇〇九

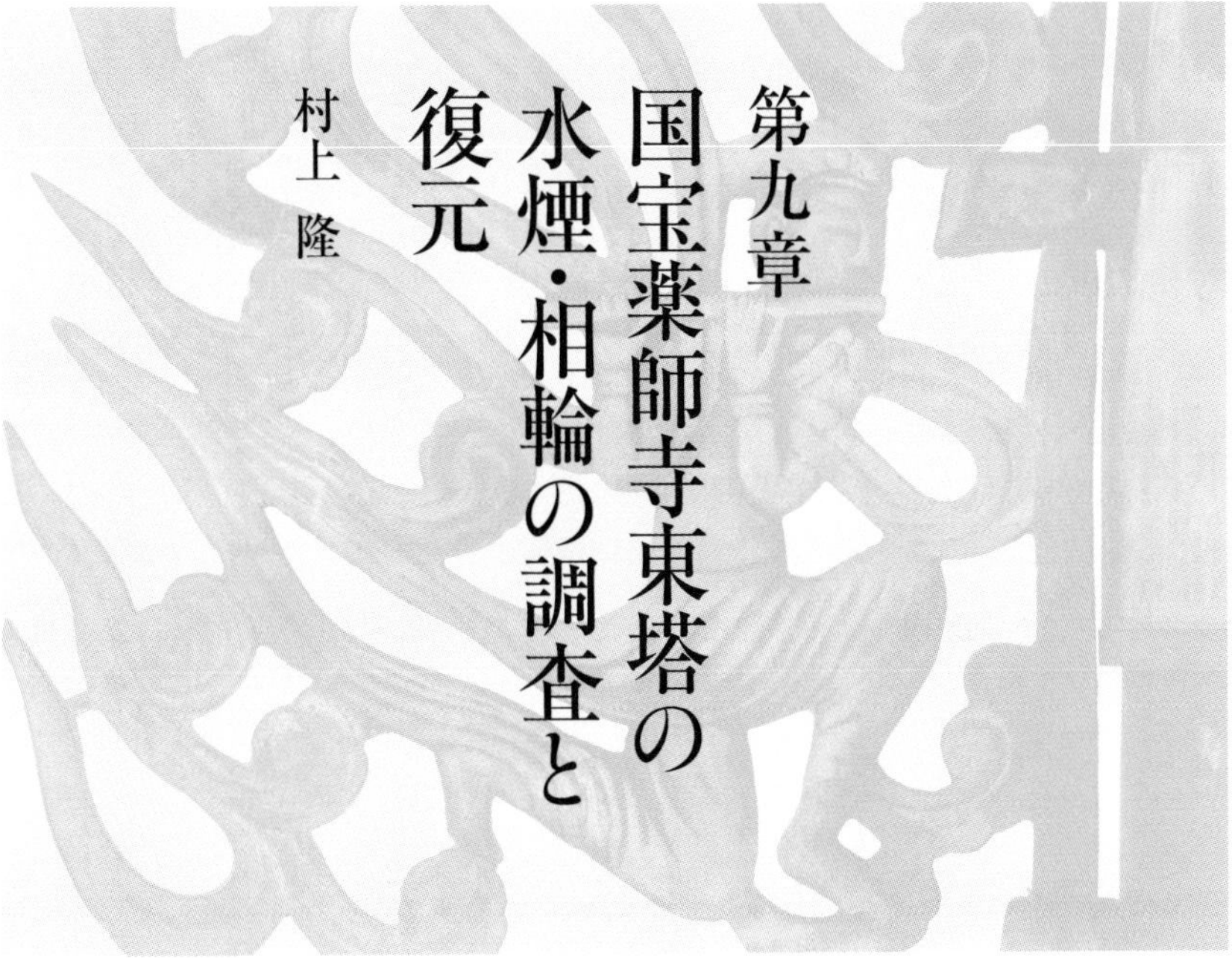

第九章 国宝薬師寺東塔の水煙・相輪の調査と復元

村上 隆

はじめに

薬師寺東塔は、日本の文化、特に建造物を語る際に外すことができない建物の一つです。この塔の姿は、古来多くの人びとの心を魅了してきました。そして、これだけ由緒正しい木造建造物が一三〇〇年もの年月のなか幾多の困難を乗り越えて今も厳然と建っており、その姿に現代のわれわれが臨むことができ、さらには次の世代に受け継ぐことができるのは奇跡にも近いといってよいでしょう。

これまでにも何度か修理が行われてきたのでしょうが、平成二一（二〇〇九）年から始まった「平成の大修理」は、塔の細部まですべて解体するというこれまでにない規模の大修理でした。この修理事業全体に関しては、伝統的建造物を専門とする委員で構成される親委員会は当然ながらすでに立ち上がっていましたが、平成二四年に、特に塔の最上部を飾る相輪《そうりん》部分の修理に特化して審議する委員会が「臨時委員会」として新たに設けられることになりました。私もその一員として臨時委員会に参画することになりました。ここでは、新たに復元・修理された相輪が平成三一年三月に無事に心柱《しんばしら》の先端に戻されるまでの「平成の大修理」を相輪の修理と復元を中心に振り返ってみたいと思います。

国宝薬師寺東塔修理臨時委員会

第一回臨時委員会は、平成二四年一一月二〇日に開催されました。このとき、東塔はすでに覆屋にすっぽりと覆われている状況でした。ヘルメットを被って塔の脇に組まれた板張りのスロープを登りきると、ビルの七階にあたる地上三〇メートルの最上階の板張りの足場には塔の心柱の先端から降ろされた相輪の部材が並べられていました。それまで地上から見上げるしか術がなかった相輪とはじめて間近に対面したのですが、まずその大きさに驚かされました。一三〇〇年も前に、こんな大きな重量物をどうやってこの高さまで運んだのか、と頭の中には「？」が舞っていました。

東塔の先端を飾る相輪は、地上から見ると屋根の上に軽やかに鎮座する印象を与えますが、実際には高さは一〇メートルを超え、総重量も約三トンと壮大なもので、間近に見るとその迫力に圧倒されます。相輪は、全部で三〇の部材に分かれており、すべての部材が屋根から突き出た心柱に串刺しになって据えられています。すなわち、輪投げの芯の役割をする心柱の先から順々にすべての部材を上から刺して設置する仕組みです。相輪は、下層部、中層部、上層部と三つの層に分かれています。下層部は、相輪全体を支える土台の部分で、露盤《ろばん》、伏鉢《ふくばち》、平頭《へいとう》で構成されています。中層部は、擦管《さっかん》と輪のペアが九段重なった、いわゆる九輪《くりん》の部分です。そして、先端の上層部ですが、これはかなり複雑な構造をしています。まず、鉛筆キャップのように心柱の先端に砲弾型擦管を被せ、その上に立てた筒に、竜車《りゅうしゃ》を刺し、最後にその最先端を宝珠《ほうじゅ》で飾る構造です。東西南北四枚の水煙《すいえん》は砲弾型擦管にバランスよく取り付けられていることになります。そして、四枚の水煙に四方から守られるように砲弾型擦管のキャップが被った心柱の先端に舎利《しゃり》容器が収められているわけです。

相輪の修理を審議するために設置された臨時委員会は、心柱から降ろされた直後の状況の視察からスタートを切ることになりました。臨時委員会の構成メンバーを以下に示しておきます。

国宝薬師寺東塔保存修理事業　臨時委員会（相輪関係）
北郷　悟（東京藝術大学、第五回から）
関根俊一（帝塚山大学）
三宅久雄（奈良大学）
宮田亮平（東京藝術大学、第四回まで）
村上　隆（京都国立博物館）

（敬称略、五十音順、所属は当初）

日本美術、日本工芸、金属造形などの専門家とともに、歴史材料科学、ならびに文化財保存科学の立場から、私もこの臨時委員会の一員として参加することになったわけです。また、文化庁の建造物の専門家がオブザーバーとして参加しました。相輪部分の復元も含めた修理が完了する平成三一年二月までに、計八回の臨時委員会が開催されました。その間、宮田亮平東京藝大学長が平成二六年に文化庁長官に就任されたことに伴い、その後任委員として同じく東京藝大の彫刻家北郷悟教授が第五回臨時委員会（平成二八年）から参加することになりました。また、修理事業全体の総括監修者で、親委員会の座長でもある鈴木嘉吉先生が臨時委員会の座長も務める中、議事が進められました。

文化財修理を行う際は、元にあったものは原位置に戻すというのが原則です。この原則に基づくと、薬師寺東塔の相輪も修理が完了した後、塔の先端に戻すことになります。この是々非々を問うことが、相輪関係のために設けられた臨時委員会の最初の課題でありました。一三〇〇年にもわたる長い年月、塔の先端をしっかり守ってきたのだから、また元の位置に戻すのは当たり前であるという原則論で済むなら簡単ですが、この相輪を間近に見ているとすぐにその結論に至らないさまざまな懸案事項が浮上してくるのです。相輪は、三〇にも上る部材で組み上がっており、それぞれの部材の遺存状態に違いがあります。塔の最上部で太陽光と風雨に長い年月さらされてきたにもかかわらず一見健全そうに見えますが、じっくりと見ていくと個々の部材でダメージの違いが認められるわけです。特に、水煙にはサビの下にこれまでに行われた修理の痕跡が認められます。今回の平成大修理を行っても、いずれまた、おそらく一〇〇年後あたりには修理を行う必要が生じるでしょうから、現状の水煙はそれまで塔の上で耐えられるのだろうか、という思いを強く感じました。

心柱から降ろされた相輪を間近に見た各委員の感想もほぼ同様でした。特に水煙に関しては、水煙のもっている文化史的、美術史的価値に鑑みるとそのまま元に戻して、強度を保って落ちないように据え付けたとしても、表面の劣化は今後も徐々に進んでいくわけだから、次の修理のとき、たとえば一〇〇年先にどのくらい水煙が傷んでしまうのかを考慮しなければならないのではなかろうか。水煙の飛天の部分、火炎の部分にかろうじて残っている模様が一〇〇年後にどの程度劣化してしまうのだろうかということも想定する必要があろうかと。その他、宝珠の蓮弁などは、すでに限界を超えているのではないのか、などさまざまな意見が述べられました。私が最も懸念したのは、過去に修理された部分の劣化状態でした。表面から見ているだけでは一見健全そうに見えるが、損傷個所に修理のために別の材料が用いられているような場合、オリジナルの材料との相性が悪いとさらに劣化を助長することも起こりかねない。このような懸念箇所は、水煙だけではなく九輪の一部などにも認められました。

心柱から降ろされた相輪金具の現状視察を終えた後、慎重な審議を経て、臨時委員会では、これらの部材の現在の状態をしっかり把握することが先決であるという結論に至りました。すなわち、現状の精確な把握、いわゆる健康診断を行い、その調査結果を待って最終的な判断を行うことになったわけです。

歴史材料科学の立場から、私は水煙の調査に必要と考えられる検討事項として、次の項目を提案し、委員会としての了承を得ました。まず、サビに覆われた各部材の内部の状態を知る手段として、X線を用いた透過撮影が不可欠です。そして、特に水煙のような複雑な形状を精確に計測するために、レーザーを用いた3Dデジタル計測を行う。また、当時用いられた材質の調査の第一歩として、非破壊的な手法で蛍光X線分析を行うことも必要です。その後にさらに詳しい分析を実施するかどうかは、この結果を待って判断することとなりました。相輪金具類の修理方針を決定するために、こうしてさまざまな調査を行うことからスタートが切られたのです。

相輪金具の調査

1　X線透過撮影

医療分野でも、X線透過撮影は基本検査の一つです。胸部X線撮影は、一般の健康診断の基本メニューの一つとなっています。文化財の分野でも、特に仏像などに対してはX線透過撮影は調査の基本に組み込まれてきており、さまざまな発見がもたらされ、最近ではX線CTを用いて三次元的な情報も得られるようになってきています。

薬師寺東塔相輪の修理方針を検討する第一段階として、X線透過撮影を実施することになったのですが、実際にこれを行うためにはいくつかの課題があります。相輪の部材はすべて銅合金の塊でできており、それを透過するためにはかなり高いエネルギーのX線発生装置が必要です。また、X線を受光する画面の大きさが決まっており、水煙のような大型の被写体に対して一回の撮影で全体の透過画像を得るための工夫がいります。さらには、X線は放射線であるため、撮影時の安全対策も講じなくてはいけません。また、相輪部材は三〇パーツもあり、効率的に実施するためには経験豊富な技術者が必要となります。このような諸条件をクリアして作業を行うため、元興寺文化財研究所の雨森久晃、尾崎誠の両氏の監督のもと、大型の建造物などの屋外の調査にも実績のある非破壊検査株式会社が実際の撮影を担当することになりました。

画像の取り込みには従来のX線フィルムではなく、フィルムと比べて二〇倍の感度をもつイメージング・プレート（IP）を用い、非破壊検査㈱が開発した車載型CR（コンピューテッド・ラジオグラフィー）システムで撮影ごとに随時画像化することが、修理現場で可能となりました。

水煙の撮影準備の様子からもわかるように［図9-1］、大型の水煙一面に対して、基本一五枚のイメージング・プレートを繋ぎ合わせて受光部としました。プレートそれぞれの受光条件が微妙に違うため、プレートごとに少々のばらつきはありますが、水煙全体の内部の様子を窺うには十分な情報をもたらしてくれます。こうして、X線透過撮影で水煙四面それぞれの内部の状態を詳しく見ることが可能となりました。

図9-2は、水煙の東側のX線透過撮影の結果を繋げたものです。このX線像からわかることは、水煙の厚みが一定ではないことです。水煙が同じ材質でできており、さらにX線強度が同じであるとすると、X線透過イメージの濃淡の差は、厚みの差を表します。厚い部分はX線が通りにくいのでイメージは白くなり、薄い部分ではX線が通りやすいため灰色から黒色になります。水煙のX線像は、イメージの濃淡がしっかりと出ている、すなわち厚みの差のメリハリがしっかりと出ているのが特徴です。つまり、飛天三人の肉身部が厚く肉感的に表現されており、水煙の先端部が薄く仕上げられていることがわかるのです。また、水煙の先端部が白くなっている部分は、修理のときに違う材質、おそらく鉛で補修したからです。図9-3では、四枚の水煙の先端部分を拡大し、エッジを少し強調してみました。この比較からも、四枚の水煙が同じ鋳型で作られたものでないことがわかります。この先端部は修理のときに補っているので一概にはいえませんが、東と西はかなり似ていますが、四枚ともすべて異なります。特に火炎の先端部分の繋がり具合に違いが認められます。このように一部分を比べてみてもこれだけの違いがすぐに見て取れるわけです。

水煙は、熔けた銅合金を鋳型に注いで制作されています。熔けた金属（湯）を鋳型に流し込むときに、空気を巻き込みますし、金属が固まる際にガスも発生します。これが、内部に残留すると、小さな空洞、鬆《す》ができてしまうわけです。内部に鬆が残留した部分は強度が弱くなるなど、健全な鋳物としてはできるだけ鬆が少ないほうがよいわけです。水煙のX線透過イメージをじっくり見ていくと、残留した鬆の状況がよくわかります。火炎の折れ部をX線透過写真で確認すると、鬆が多く、また幅が狭く、厚さも薄い。製造時に湯がまわりにくかったと思われます。

また、昭和の修理記録によると、「水煙の修理に当たっては、折損部とひびの入って将来割れて離れるおそれのある部分約七十箇所を熔接仕上げとし、表面着色を施したが、この熔接箇所には、昭和修理の責任を明らかにするために「不忘」の刻印（注・修理担当の丸山不忘氏の刻印）を打った。また中世補修部部分は拙劣な技法のため、非常に見苦しかったが、一切手をつけなかった」（「薬師寺東塔及び南門修理工事報告書」、一九五六）とあり、今回撮影したX線透過イメージにおいて、これらの修理箇所が生々しく確認することができるわけです。

内部の鬆の状態と損傷部の修理跡の状況を拡大して見てみましょう。一例として、一番下に位置する笛吹飛天の中で最も顔がきれいに凛々しく見える北側西面の飛天の顔に注目しました［図9-4］。顔全体の表面はサビも均一で汚れも少なくきれいに見えます。しかし、内部、たとえば飛天の口の部分にはかなり鬆が生じているのがわかります。さらにちょうど髪飾りの上の部分は水煙の一部ともともと繋がっているのですが、この部分は破断しており、X線透過によって別材を入れて補強した修理の跡が痛々しく見て取れます。笛吹飛天の髪の部分を別材で覆っている状態は、修理の痕跡なのです。サビに覆われた状態からはなかなか見極めがつきませんが、X線透過イメージは、いつ破断するかわからないほど傷んでいることを教えてくれます。図9-5に、過去に破断した水煙を接合したとみられる部分を表示してみました。ここで示した東側だけではなく、先ほど北面の笛吹飛天の髪の部分で確認した破断はすべての水煙で認められることがわかります。このように、四枚すべての水煙で修理がなされ、修理の手が入っていない場所でもいつ破損してもおかしくない状態であり、さらに新たな破損予想部分も随所に認められ、満身創痍の状態なのです。

また、四枚ともに認められる特定の箇所での破断の原因は、水煙を組み立てたときの構造に関わるのではないかと考えられます。図9-5に黄色の線で印をつけておきましたが、ちょうど笛吹飛天の頭のところに擦管に固定する取手があり、これに水煙を固定すると水煙が回転するような力がかかるとこの部分に大きな負荷がかかり、比較的弱い髪の部分の破損に繋がるのではないかと思われるのです。のちに、建造物の修理を担当する清水建設の技術研究所がコンピューターシミュレーションによって行った「水煙の力学特性に関する調査」では、水煙は透かし文様ではあるけれど、塔の上方では風の影響もかなり受け、これによって生じる回転力の影響を受ける可能性が報告されました。すなわち、X線透過イメージで、水煙四枚の破損箇所がだいたい同じようなところに認められる結果と整合しているといえるでしょう。

水煙以外の部材に対しても、X線透過撮影を実施しましたが、大物が多いため、部分的な撮影となりました。中でも、一番上の九輪の状態が悪いことがわかりました。

2 レーザーによる3Dデジタル計測

人間の眼はたいへん優秀で、色と形の情報を同時に取得することができます。しかし、色の情報が形状の情報と重なると形の認識にしばしば誤解を生じることがよくあります。たとえば、水煙の表面は長い年月大気中に露出されていたわけですから、サビとともに酸性雨などによるさまざまな汚染物質の付着によって汚れており、その影響が水煙表面の色にも反映されています。こうして生じた水煙表面の色ムラが、人間の眼の凹凸などの形状認識に微妙な影響を与えてしまいます。つまり、人間の眼は、色の情報に惑わされて、表面の微妙な凹凸情報を正確に判断できなくなるのです。しかし、レーザーによる3Dデジタル計測は、色の情報にはまったく反応せずに照射したレーザーが反射した位置を三次元の点群として記録していくだけですので、表面の凹凸情報だけが精確に記録されることになります。

たとえば、X線透過撮影の項でも見た水煙の北側西面の笛吹飛天の顔の部分を肉眼で見た場合、黒い汚れが指のあたりを覆っているため、指の細かいニュアンスがまったくわかりません。しかし、3Dデジタル計測の画像は、色の情報が一切入らず物体表面の凹凸形状だけを示してくれるので、笛を持つ飛天の指の形を一本一本しっかりと確認することができるのです。こうしてみると、飛天の顔はさすがにしっかり造形されていますが、手の部分はかなり雑な仕上がりであるといわざるをえません。細部の具体的な比較検討はまた後ですることにして、ここでは3Dデジタル計測の表現力のすごさを見るにとどめておきましょう。

水煙四枚に対する実際の3Dデジタル計測は、奈良県立橿原考古学研究所の奥山誠義氏が担当しました［図9-6］。ただし、用いた装置の制約上、一回に計測できる面積が限られているため、水煙一枚の片面全体の画像を構築するためには、何枚もの計測データ画像をコンピューター内で張り合わせる作業が必要となりました。これは、X線透過撮影を行ったときに受光シートの大きさが限られていたので、それぞれのデータを繋ぎ合わせてX線透過イメージを作り上げたのと基本的に同じことです。ただ、この枚数が多いと歪みなどの影響を排除した整合性のよい画像に仕上げる

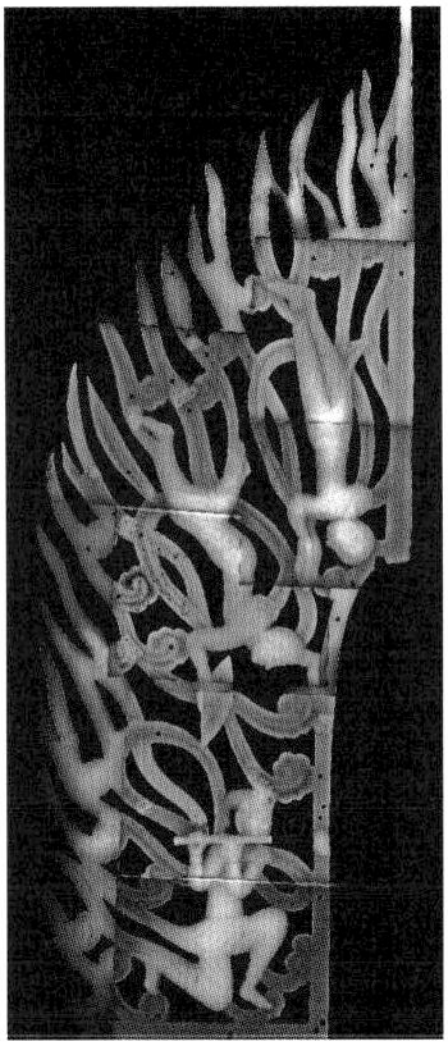

図9-2　水煙Ｘ線透過像　東側
(奈良県文化財保存事務所提供)

図9-1　Ｘ線撮影準備　後ろにIPプレート

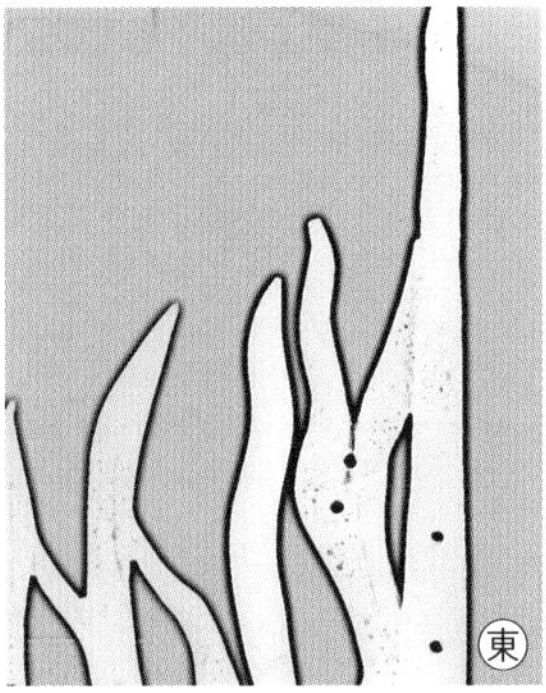

図9-3-1　水煙先端　比較（Ｘ線）

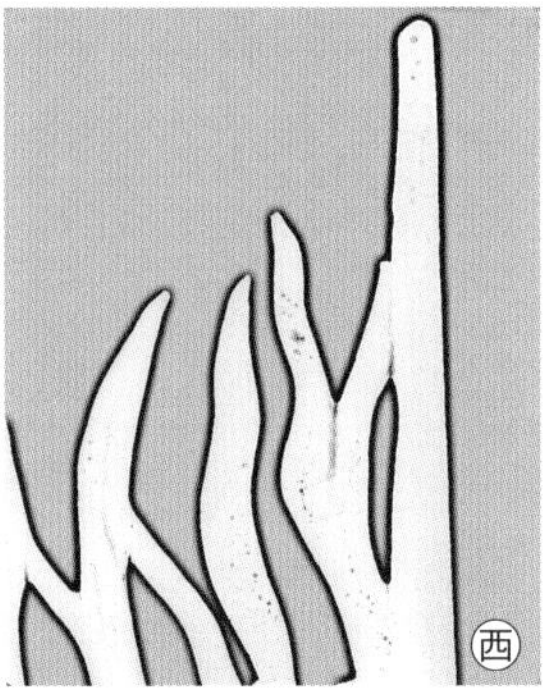

図9-3-2　水煙先端　比較（Ｘ線）

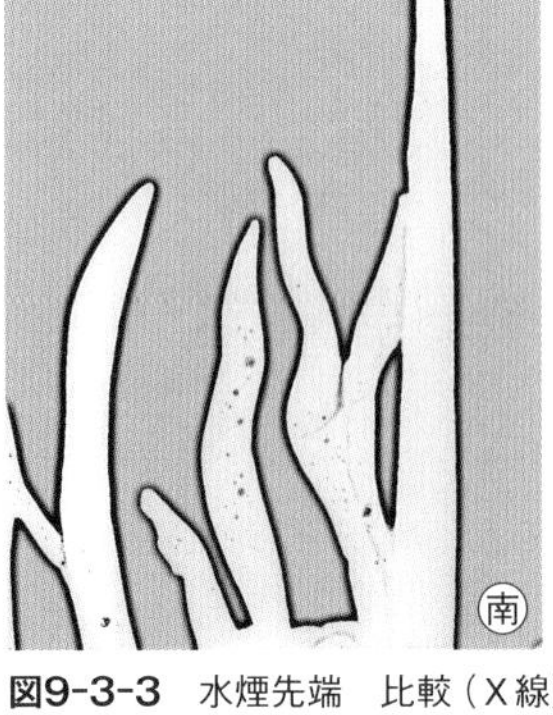

図9-3-3　水煙先端　比較（Ｘ線）

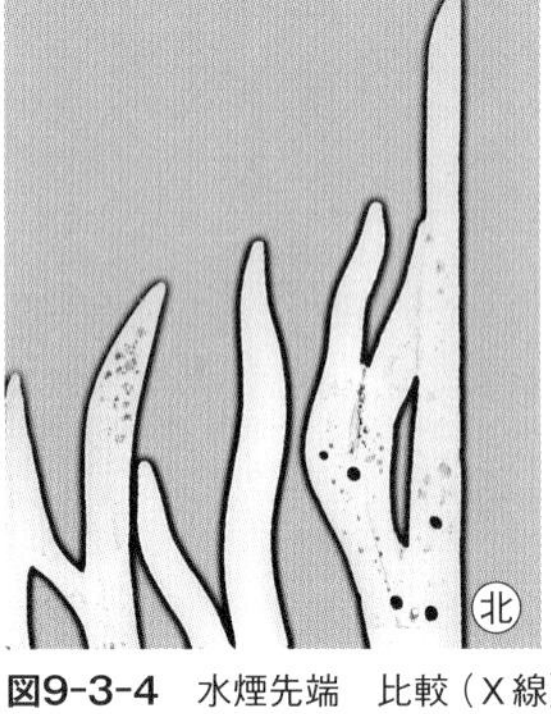

図9-3-4　水煙先端　比較（Ｘ線）

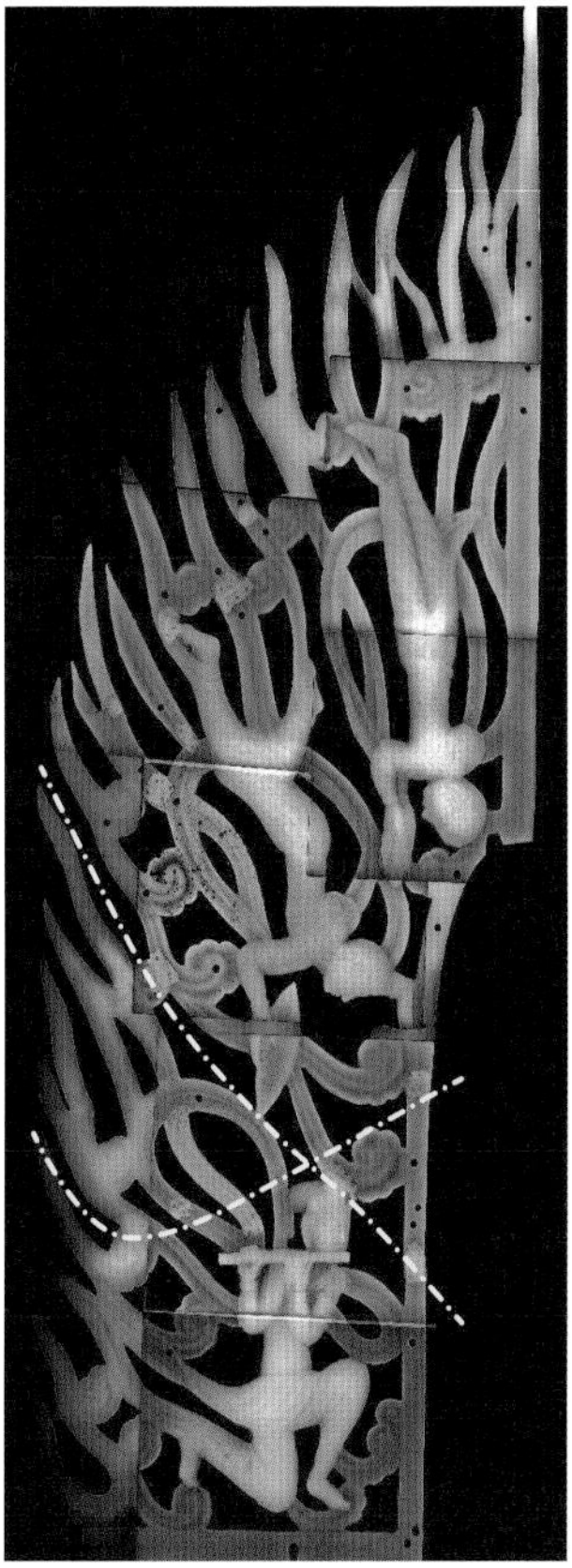

図9-5　水煙透過X線像（東側）

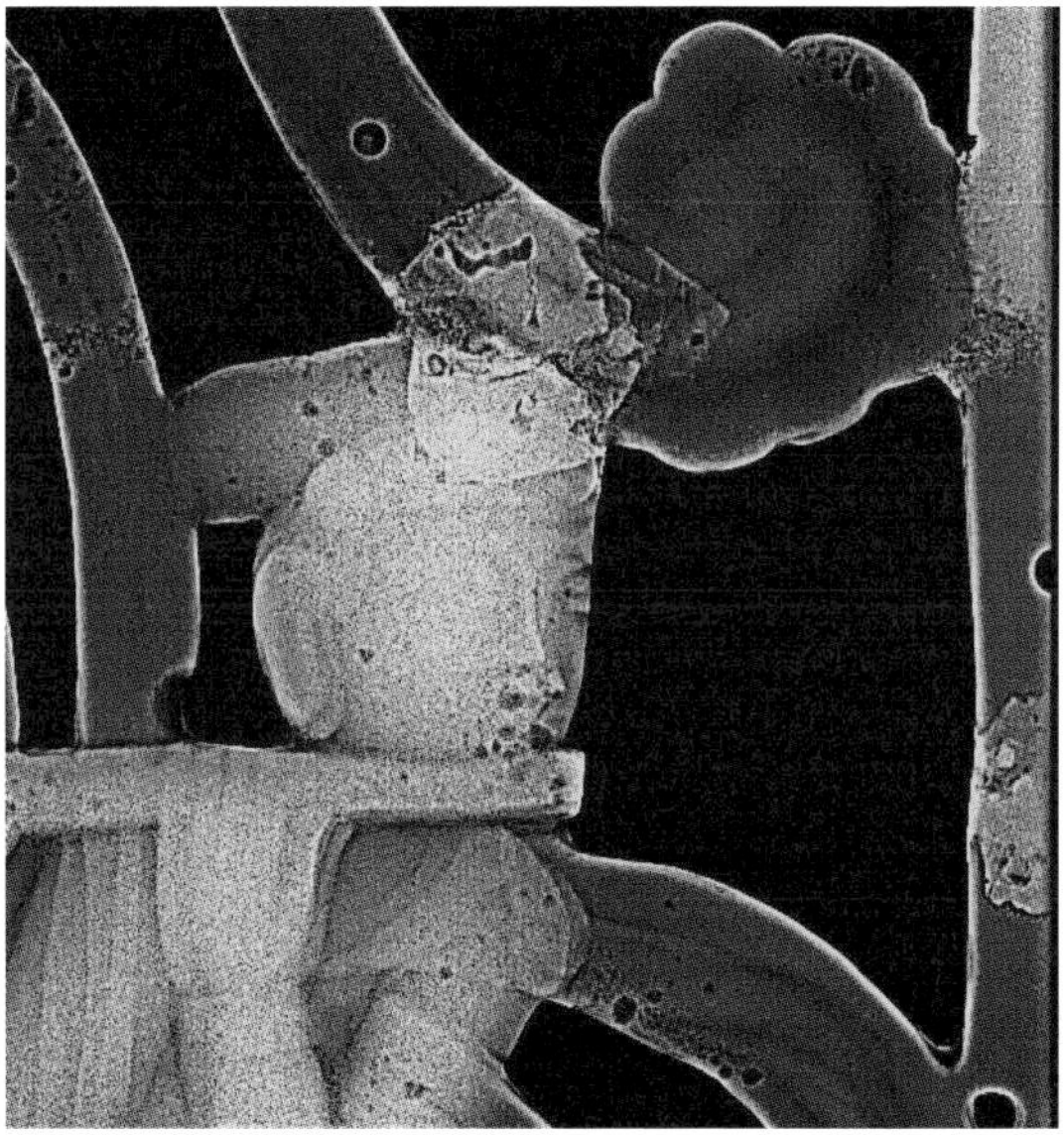

図9-4-1　笛吹天人顔　北側西面X線透過像

図9-4-2　笛吹天人顔　北側西面写真

ためには時間と手間が想像以上にかかることはご理解いただけるでしょう。最終的に仕上がった水煙の東側の表裏の3Dデジタル計測画像を示します［図9-7］。こうしてこれまで誰も見られなかった水煙すべての面の正確な姿を細部に至るまで見ることができるようになったのです。水煙一枚の片面それぞれに飛天が三人、四枚の表裏八面に、計二四人の飛天の姿がこれほどはっきりと見て取れるようになったこと自体が、今回の調査の大きな成果といえるのです。細かく見ていると時間の経つのを忘れてしまうほど魅力的な画像ではありませんか。それもそのはず、日本の文化史、美術史の最高傑作の一つとされながら、制作以来一三〇〇年の間、誰一人としてこんなに鮮明な水煙の姿を見たことがなかったのですから。

3 材質分析

相輪の制作は八世紀初頭までさかのぼると考えられます。その時代に三〇の部材に分かれた総重量三トンにもなる金属の造形物の制作を可能にした古代工人の力量には驚くほかありません。そして、そんな重量物を三〇メートルの塔の上に据え付けた技術にも驚嘆します。現代のわれわれが想定するクレーンなどの重機、すなわち機械的、電気的な装置は一切存在しない時代なのです。すべて人間の手技にしか頼るものがない時代だからこそ、今のわれわれには想像もつかないような知恵があったのかもしれません。

この相輪の材質の基本は銅合金です。古代に制作された、屋外に据え置くこのような大型構造物を構成する銅合金がどのような成分であったのか、たいへん興味深いところです。一口に青銅と言っても、古代の工人は作るものによって成分を調整し、ものづくりをしていました。精確な分析の術もないのですが、長年の勘と経験に裏打ちされた古代工人の知恵がなせる技なのです。

薬師寺東塔相輪の修理を行ううえで、実際の成分を把握しておくことはたいへん大事なのですが、じつはこれがなかなか難しい仕事なのです。貴重な文化財はできるだけ傷つけないというのが、文化財保存における原則の一つです。そんな中で、最近では、非破壊的に文化財の構成元素がわかるということで蛍光X線装置が多用されるようになってきました。この装置は文化財調査を非破壊で行うという点からみるとたいへん優秀な装置ですが、この装置がもたらす情報をしっかり吟味しないと逆に文化財の本質を見失うことになります。この装置でわかることは、測定対象物の表面に存在する元素の情報だけなのです。

相輪修理のための臨時委員会の中でも、水煙がいったいどういう成分の銅合金で制作されているのかという点をはっきりさせる必要があるという議論になったことは先にもふれました。そして、まず蛍光X線分析によって表面の情報を集めて、その結果を見て次の段階を考えましょうということになりました。

昭和の屋根替修理の後にまとめられた報告書に気になる記述があります。

「これら新作または補修用の地金は、従来のものにならい、銅を主成分として、スズ、鉛、亜鉛等の合金を使用、色沢などを調和よく合わせた」(この項、相輪修理担当・丸山不忘氏の報告による)。昭和修理当時に、水煙本体の成分まで分析していることは考えられず、また「銅を主成分として、スズ、鉛、亜鉛等の合金」とする根拠は示されていないのです。このあたりのことも気になりながら、水煙に対する蛍光X線分析の結果を待ちました。

水煙に対する蛍光X線分析は、奈良文化財研究所埋蔵文化財センターにお願いし、高妻洋成センター長のもと、保存修復科学研究室の降幡順子、脇谷草一郎、田村朋美ら諸氏の協力を得ました。

使用したのは、ハンディタイプの蛍光X線分析装置で、持ち運びが可能でフィールドワークでも使えるので文化財分野でも最近普及してきている装置です[図9-8]。この装置は、ハンディに扱えるメリットもありますが、対象物本体のコアな部分の正確な成分分析までは確定できないので、得られたデータの解釈には細心の注意を要します。たとえば、表面に何か別のものが付着していれば、その付着物も含めた大まかな元素の存在しかわからないわけです。

さて、この装置を使って、東西南北四枚の水煙に対して、オリジナルの本体と思われる部分、明らかに別材で補った部分、破損部を修理によって接合した部分、金色が残っている部分など、表面的な違いがわかる部分を水煙一枚の片面に対して約五〇カ所のデータを採取しました。

修理部分とはっきりわかる鋲《びょう》・継手《つぎて》金具の部位は、銅が主成分であるが、亜鉛を検出、さらに鉛やヒ素も検出されています。後補であることがはっきりしている水煙の先端部では、特に鉛が強く検出されます。しかし、オリジナルの本体と認められる部分では、ヒ素や鉛は検出されますが、亜鉛は認められません、また、限られた部分ではあるが金も検出され、微量ながら水銀も伴っているようです。

蛍光X線分析で見えてきたことは、修理された部分には、昭和の報告書にあるように、鉛と亜鉛を含む合金が使用されたようですが、オリジナルの本体には亜鉛は含まれていないということです。そして、部分的ではありますが、水煙に水銀を用いたアマルガム鍍金が施されていた痕跡が認められました。鉛は鋳物の欠損部の補修や、破損個所の接

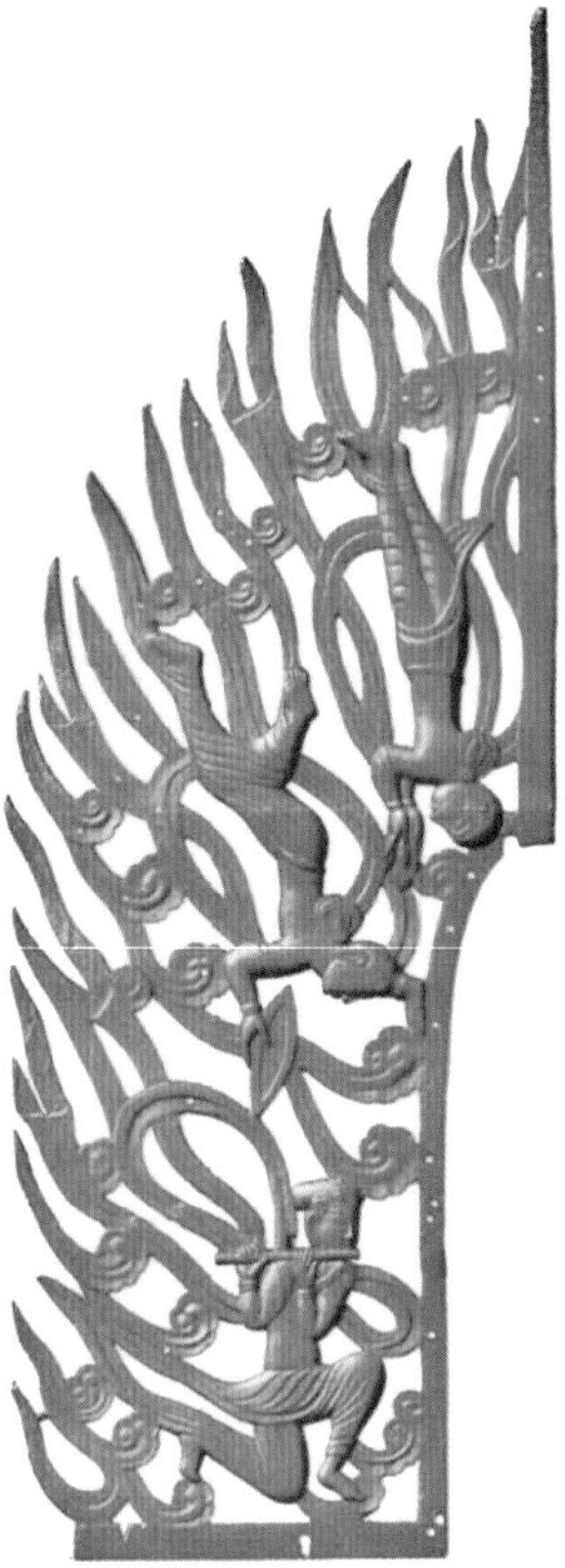

図9-7-1　３D東側北面　　**図9-7-2**　3D東側南面
（北面と南面が表裏になる）

図9-8　蛍光Ｘ線分析風景

図9-6　水煙３Dデジタル計測風景

このページの写真すべて奈良県文化財保存事務所提供

合には古代からよく使われる金属で、これが補修部分に使われると、風雨にさらされる環境下では溶出して水煙全体の表面を覆うことになるので、当然ながら蛍光Ｘ線分析ではすべての部位で検出されるわけです。

相輪の他の部材でも同じような測定結果を得ましたが、残念ながらこれで創建当初のオリジナルな銅合金の金属組成がしっかりと把握できたとはいえないのです。オリジナルな銅合金の組成を知るためには、次の段階の分析が必要となるわけです。

ここまでの調査成果が揃ってきた段階で、平成二七年八月七日に、第四回目の臨時委員会が、これまでの経緯を関係者一同で共有するために第十一回東塔保存修理事業専門委員会（親委員会）と合同で開催されました。

この委員会では、水煙の現状を把握したうえで、今後どのような修理を行っていくか、そして、水煙の現物を修理後、塔の上に戻すかどうかということがあらためて審議されました。

高い塔の上で、風雨にさらされ、四季折々の温度変動を一三〇〇年間受け続けてきた水煙は相当のダメージを受けているのではないか。しかも、構造上限られた部分に集中して負荷がかかっており、その部分は補修しても、生じていると考えられる金属疲労のことを考えると、次の修理まで持ちこたえる保証はないだろう。水煙にこれ以上の責務を負わせるのは酷であり、下に降ろした状態で、その素晴らしい造形を鑑賞できる環境を整えるほうが大事ではないか。というように、各委員からさまざまな意見が出ました。このように、調査で明らかになった現状の姿では、修理後に塔の上に戻すのは難しいのではないかという意見が大勢を占めましたが、結論は次回に持ち越されました。

水煙の修理後の扱いについて大きな進展があったのは、平成二八年一一月四日の第五回臨時委員会でした。それまでに実施したさまざまな調査の成果から総合的に判断した結果、水煙を塔の上に再度上げることはせず保存するということが確認されたのです。そして、保存修理全体の手法の検討のためには、鋳造時の正確な材質の把握は必要であり、サンプリングによる精密な分析を実施することも合わせて、委員会の最終確認事項となりました。分析手法としては、主成分元素だけでなく、微量元素の分析も必要であるため、分析精度の信頼性が高い誘導結合プラズマ発光分光分析（ＩＣＰ）[注1]、ならびに誘導結合プラズマ発光質量分析（ＩＣＰ-ＭＳ）[注2]を実施することも決まりました。加えて、サンプリングした粉体資料に対して、金属化合物の状態などの詳細を調べるために、世界最高性能の放射光を利用することができる大型放射光施設ＳＰｒｉｎｇ-８[注3]においても補足的な調査をすることも決まりました。

この決定に従い、実際のサンプリング作業とそれによって得られた資料に対するICP、ならびにICP-MSの監督・指導を、蛍光X線分析に引き続き、奈良文化財研究所埋蔵文化財センター保存修復科学研究室の協力を得て、実施することになりました。

試料採取は水煙木口面の目立たない場所で、汚れが少ないオリジナルの本体部分から微量のサンプリングを行い、採取した一〇サンプルに対して、日鉄住金テクノロジー株式会社においてICPとICP-MS分析を実施しました。その結果、銅が九三パーセントと非常に高く、スズが二パーセント程度、ヒ素が一〜三パーセントの割合で入っていることがわかりました。また、非破壊的な蛍光X線分析で有意に検出されていた鉛は〇・三パーセント程度、亜鉛は〇・〇二パーセントと低い含有率を呈し、これらの金属は後世の修理の際に用いられた材料に由来することがわかりました。まとめると、銅が主体で二パーセント程度のヒ素とスズを含む合金であり、現在の鋳造に一般的に用いる、スズとともに亜鉛を含む青銅合金とは異なる、いわゆる古典的な組成を示しているといえます。

SPring-8でも、サンプリングした同じ資料を用いて、放射光X線回折分析を行いました。この分析は、高谷光（京都大学）、為則雄祐（公益財団法人高輝度光科学研究センター）両氏の協力のもと、BL02B2（粉末X線構造解析ビームライン）において実施が可能となりました。その結果、本体の地金部分の主成分は銅であり、化合物としては、酸化銅（I）(CuO)、酸化銅（II）(Cu_2O)、さらに銅-スズの金属間化合物（Cu_nSn_m）などの存在の可能性が示唆されました。表面のサビ層も銅と酸化銅が主体であることがわかりました。

ここに面白いデータがあります（江本義理、一九九九）。平安時代の天暦六（九五二）年創建の国宝醍醐寺五重塔は昭和に解体修理が行われ、このときに相輪部材の材質調査が実施されています。創建当初の部分は、ほぼ薬師寺東塔の水煙とよく似た分析結果を示しています。すなわち、主成分の銅に、二パーセント程度のヒ素、一パーセント程度のスズと鉛が含まれ、亜鉛はほとんど認められません。また、当時制作された大仏などの大きな仏像の地金もこれまでに報告されているデータを見れば似たような組成を示します。現代のわれわれが銅合金としてすぐに思い浮かぶ青銅（銅-スズ合金）や黄銅（銅-亜鉛合金）とは異なっており、当時採掘された銅そのものを用いたのではないかと考えられています。私は、薬師寺創建当時、七〜八世紀に制作された銭貨、すなわち富本銭から和同開珎に始まる皇朝十二銭、さらには佐波理《さはり》鋺など、さまざまな金工品の分析を行ってきており、このころすでにそれぞれの用途によって実に巧みに材質を使い分けしていることがわかってきていますが（村上隆、二〇〇三、同、二〇〇七）、相輪と比べると比較的小さなものが多いのです。ここで考えられるのは、総重量三トンを超える相輪のような大きな制作物を青銅で鋳造しようとしても、安定した組成を維持するだけのスズの供給が難しかったのではないかということです。水煙を構成する材料のレシピとその由来の考察はあらためて行うとして、一三〇〇年の歳月、風雨にさらされる環境に十分に耐え抜く素材であったということは事実です。われわれは、薬師寺東塔水煙のお陰で一三〇〇年にわたる壮大なる屋外暴露試験に期せずして立ち会うことができたのです。

東塔相輪の修理方針の策定

相輪関係の第六回臨時委員会は、第十三回修理事業専門委員会（親委員会）との合同で、平成二九年六月一日に開催されました。

水煙の現物は、東塔の上には戻さないということはすでに決まっていましたが、この会議で審議のテーマになったのは、これまでに行った調査の結果をふまえて、どのような復元品を制作するかということでした。

まず、復元に用いる材料ですが、詳細な分析によってわかったオリジナルな成分をもった水煙を制作するのがよいのか、あるいはＪＩＳ規格で規定するような現代の青銅合金によって制作するのか、が議論されました。破損の原因が素材の材質にあるなら、新しいしっかりとした材料を用いるべきだろうが、材質的に大きな問題がないのならオリジナルな成分で制作することには反対しない。ここまで成分がわかっていてＪＩＳ規格等でやるとなると、他の素材でもいいのではないのかということにもなるので、オリジナルの成分比で鋳造することには賛成である。もし、現代の技術者ができるというならぜひオリジナルな成分で制作していただきたい。非常にやりにくい仕事ではあるだろうが、技術的に可能ならばぜひ実現して欲しいと思う。というような意見が委員から寄せられました。現物を修理後に元に戻すことを原則とするなら、今回の復元では新しいものをオリジナルな現物とできるだけ同じ成分で作ることが、文化財保存の観点からも望ましいだろうという方向性で最終的に合意されました。

次に、審議されたのは、水煙の意匠についてです。東西南北四枚の水煙は大枠のデザインが同じなので、一つの鋳型をもとに四枚を制作したように思われますが、Ｘ線透過撮影のイメージや３Ｄデジタル計測の結果を見ればわかりますが、同じ位置にある飛天の顔や手の細部にも一つ一つに個性があるように、鋳型はそれぞれに若干異なっていた可能性があります。また、仕上げの工程においても、工人による細部の個体差が生じた可能性があります。そのため、今回新しく復元制作するに際し、四枚の水煙をどのように制作するか検討する必要があるわけです。考えられるケースを列挙すると次のようになります。

①水煙四枚の表裏すべての面（八面）の意匠を忠実に反映させる。ただし、明らかに後補で生じた不整合な部分や歪みなどに関しては、最小限の修正をかける。

②表裏につき各一面を選択して絞り込んだ一つの原型から四枚とも同じものを制作する。

③部分ごとに代表の意匠を切り取り、それらを合成して一つの原型とし、四枚とも同じものを制作する。

西塔の水煙の制作には、②を採用したようですが、これは制作のときに東塔水煙の型取りができなかったという事情によると思われます。今回は解体した水煙のすべての面の情報を、特に3Dデジタル計測によって詳細な形状把握ができているので、これを反映させることで、①で提案したすべての条件を満たした忠実な復元が可能になるわけです。この①の提案に関しては、委員会でも異論はなく承認されました。また、表面の仕上げについては、現状の水煙に合わせた古色仕上げを施すことになりました。このように、水煙の復元に関してはたいへん慎重な審議が重ねられ、ようやく具体的な方向性が決定しました。

また、水煙以外の相輪の部材に関しても、部材の一つずつに対して慎重な審議をし、最終的に以下の方針が決定されました。

水煙を新調復元するに伴い、水煙が取り付いている擦管部分、さらには一番上の九輪部分も同様に新調復元することになりました。また、水煙の上方に位置する竜車、宝珠についてもかなり傷んでおり、特に蓮弁が一部落ちており、また落ちかかっている部分もあるため、そのまま補修しても、また破損して本体を傷つけるという恐れもあるわけです。さらに、傷みとともに変形の激しい一番上の九輪も再利用は難しいと判断しました。すなわち、一番上の九輪から上の部分すべてを一式取り外して現物は別途保存をし、今回は新しい復元品を作るという方針で進めることになりました。また、銘文のある一番下の擦管も状態不良のため復元新調することになりました。最終的に再使用できるものの中でも部分的な補修が必要となる下から三番目と六番目の擦管に補強修理を施すことになりました。

こうして、平成二四年の第一回臨時委員会から長い時間をかけて審議してきた薬師寺東塔相輪の復元ならびに修理方針が最終的に策定されたわけです。相輪全体の新調復元部分と修理部分を図9-9に示しました。

国宝薬師寺東塔相輪の新調復元作業

相輪の復元ならびに修理方針が最終的に策定されましたが、これを現実に実施するにはまだまだ越えなければいけない関門があります。まず、新調復元に対する仕様書の作成、それに従って制作を行う業者の決定、そして実際の制作となります。

策定した方針の骨子を簡単にまとめると次のようになります。

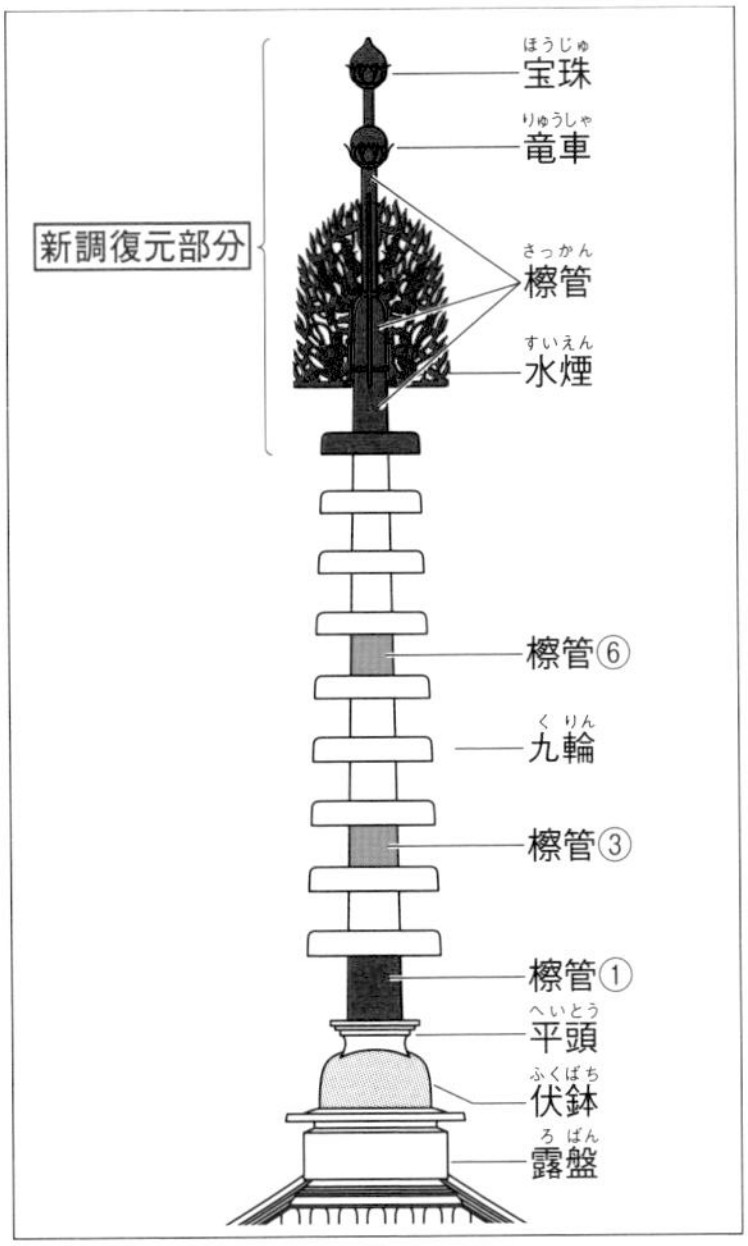

図9-9　平成修理における相輪（赤：新調復元部分、青：修理部分）

①材質は、分析で得た古代のレシピに従う。
②鋳型の原型制作は、原則として３Dデジタル計測のデータを用いてオリジナルと同形同大で制作する。
③色は、ペインティングではなく、自然発色により、できるだけ忠実に再現する。
④修理を行う部材は、現状を変えることなく、補強を図る。

一見簡単なようですが、現代の鋳造鋳物のプロにとっても、これら四つの条件をすべてクリアするのは大変なことです。まず、材質ですが、安全性も考慮して古代レシピを扱える設備の完備が必要です。また、鋳造は高温で熔けた合金（湯）を鋳型に注いで、冷えて固まるのを待ちます。合金はこの冷えるときに、一般的に少し縮むので、この収縮率を考えて鋳型を少し大きめに作ります。使い慣れた材質であれば、収縮率がわかっているのですが、古代の材料ではこの点が未知となります。次に、鋳型制作ですが、一般的な手法では現物から型取りした型を基本形として収縮率を考慮してそれを人為的に少し大きくしたものを使いますが、３Dデジタル計測のデータを使えば収縮率に伴う調整をデータ上で行えるため、より正確に形状復元した鋳型の原型をあらためて制作することが可能となります。ただ、これには最新のデジタル加工技術が伴うため、まだ一般的な技術とはいえません。さらに、鋳造後に現物と同様の古色を要求するわけですが、屋内に設置するのなら顔料や塗料で表面をペインティングして本物そっくりの色を化粧として再現できますが、相輪のように屋外で風雨にさらされる場合、後付けの化粧はすぐに流れ落ちてしまいます。したがって、地金そのものに本物と同じ色を発色させる技術が必要とされるわけです。薬師寺相輪の新調復元に際して、ここに挙げた個々の技術を一括して実現することを求めた高いレベルの仕様を掲げることになったわけです。

さらに、すべての作業を平成三一年一月末までに終了するというたいへん短期間での事業である点も難易度を高めることになりました。

このような諸条件を乗り越えて、果敢にチャレンジしようと手を挙げたのが、富山県の伝統工芸高岡銅器振興共同組合でした。

全国有数の銅器の街、高岡は、仏具などの鋳物制作に四〇〇年の歴史を誇り、銅像などの屋外設置のパブリックアートにも大きなシェアをもっています。もともと、伝統的な金属工芸に関するさまざまな技術をもった職人たちによる分業化が進んでいますが、梶原壽治理事長のもと、彼らが一堂に会するネットワークと機動力を備えているのがこの地域の強みといえます。また、事業推進のコーディネータとして高岡市デザイン・工芸センターの高川昭良所長の参画も大きな力となりました。そして、相輪の新調復元・修理作業は、奈良県文化財保存事務所薬師寺出張所の金子隆之主任の監督のもと、全体的な監修を、修理委員会の北郷悟委員と私の二人が務めることになりました。

実際の作業工程は二期にわたっての実施となりました。第一期は、平成三〇年三月末までの四カ月程度の短期間でしたが、宝珠、竜車、砲弾型擦管（擦管10・擦管11）、一番上の九輪の新調復元を完成しました。そして、同時に擦管3と擦管6には、それぞれ薄肉部の補強、亀裂部分の補修などの部分的な修理を行いました。第二期も、作業完了が平成三一年一月末厳守という、これもまた半年強の短期集中の工期の中、水煙を含む残りの部材すべての新調復元を実現させました。

これらの作業に携わったのは、鋳金関係は般若鋳造所、梶原製作所、老子製作所、平和合金、鍛金作業は島谷昇龍工房、そして、最終的な色揚げは立川着色所、3Dデジタル計測データからの原型制作は嶋モデリングが担当しました。一番下の擦管に残された銘文文字の象嵌部の復元には、スミ工芸企画がシルクスクリーン印刷の製版原版を起こし、鏨《たがね》による彫金は金工家佐野宏行氏が行いました。また、新たに3Dデジタル計測を必要とする部材は、高岡市デザイン・工芸センターに隣接する富山県総合デザインセンターの３Ｄスキャナを用いてデータ化しました。このように、伝統工芸高岡銅器振興共同組合を中心に地場の関係機関の総力戦となったのです。

［第一期作業］

宝珠、竜車、砲弾型檫管（檫管10・檫管11）、一番上の九輪

作業に取り掛かる前提として、古代レシピに従って、銅を主成分にスズ、ヒ素を約二パーセント、ほかに鉛や亜鉛などを微量に含む合金を新たに作成し、相輪の新調復元と修理に用いる溶接材料に供しました。図9-10は、新たに作成した合金のインゴットです。一般的な鋳物に用いられるＪＩＳ規格の青銅に比べると少々赤みが強いようにも見受けられます。

今回の相輪の新調復元は、基本的に３Ｄデジタル計測のデータで鋳型の原型を制作する工法を取りましたが、第一期で制作した部材の中で、相輪の先端を飾る宝珠・竜車と一番上の九輪には伝統的な双型技法を用いました。中でも宝珠と竜車とその受け皿は、いずれも同心円を基本として対称性が高いこともあり、アウトラインの形状を３Ｄデジタル計測データに基づいて作った規型を用いました［図9-11］。したがって、宝珠や竜車の鋳型は真円になり、現物に見られる先端の歪みや凹みなどを修正することができました。鋳造後に表面を轆轤《ろくろ》加工で仕上げた後、表面をサンドブラストとジェット鏨によって荒れた雰囲気を再現し［図9-12］、最終的に伝統的な色揚げ技法によって、現物のサビで覆われた雰囲気を再現しました［図9-13］。ここで面白いのは、蓮弁の制作工程です。蓮弁の３Ｄデジタル計測データを基に、基本になるパターンを選び出し、それぞれの形に則した木製の台型を作り、その型に合わせて蓮弁形にカットした銅板をたたいて整形します［図9-14］。そして、それらを組み合わせて現物に近い状態に配置して仮組みし［図9-15］、配置が決まると再度分解し、蓮弁を個別に古色に色揚げした後、最終的に組上げて完成させました［図9-16］。普通に新しい作品を作るよりよほど手の込んだ作業の連続で、まさに職人泣かせの仕事であったと思います。

第一期では、さらに心柱の最先端で四枚の水煙を据え付ける砲弾型檫管も新たに制作しました。この砲弾型檫管は、富山県総合デザインセンターにおいて３Ｄデジタル計測を行い、そのデータに基づいて鋳型の原型を制作しました。原型の材質は、変形に強いケミカルウッド材です［図9-17］。じつは、この砲弾型檫管が上下に分かれていることが、われわれの謎でした。本来一体形でよいと思うのですが、水

図9-16　完成した蓮弁を取り付けた宝珠

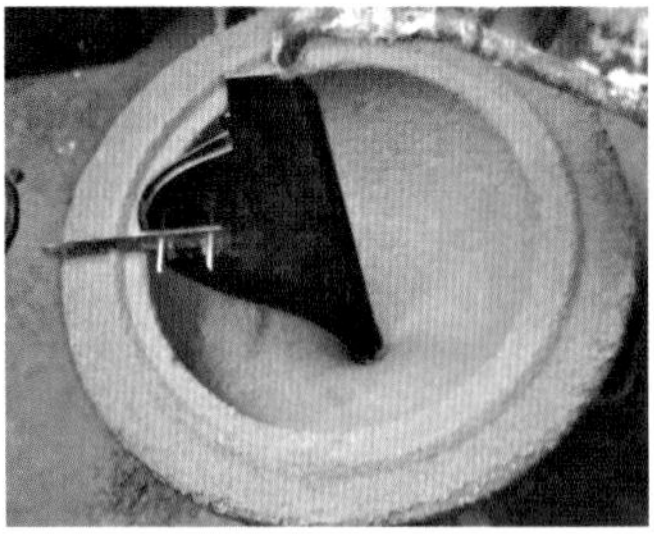

図9-11　双型による宝珠の外型制作（規型を回転させて整形）

図9-10　古代レシピによる銅インゴット

図9-13　サビ色を表出させた復元宝珠

図9-12　鋳造後に表面を荒らした宝珠

図9-17　砲弾型檫管の原型

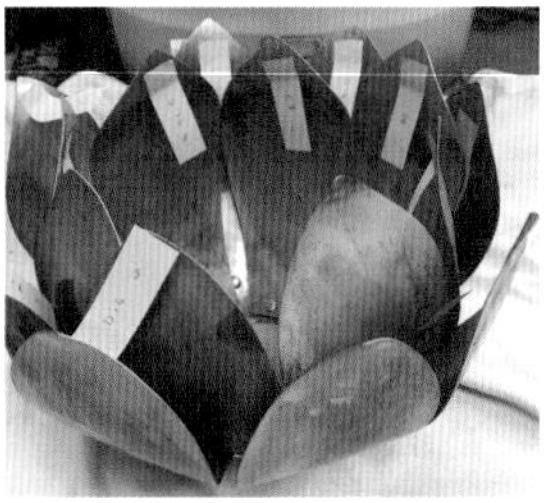

図9-15　仮組みした宝珠蓮弁

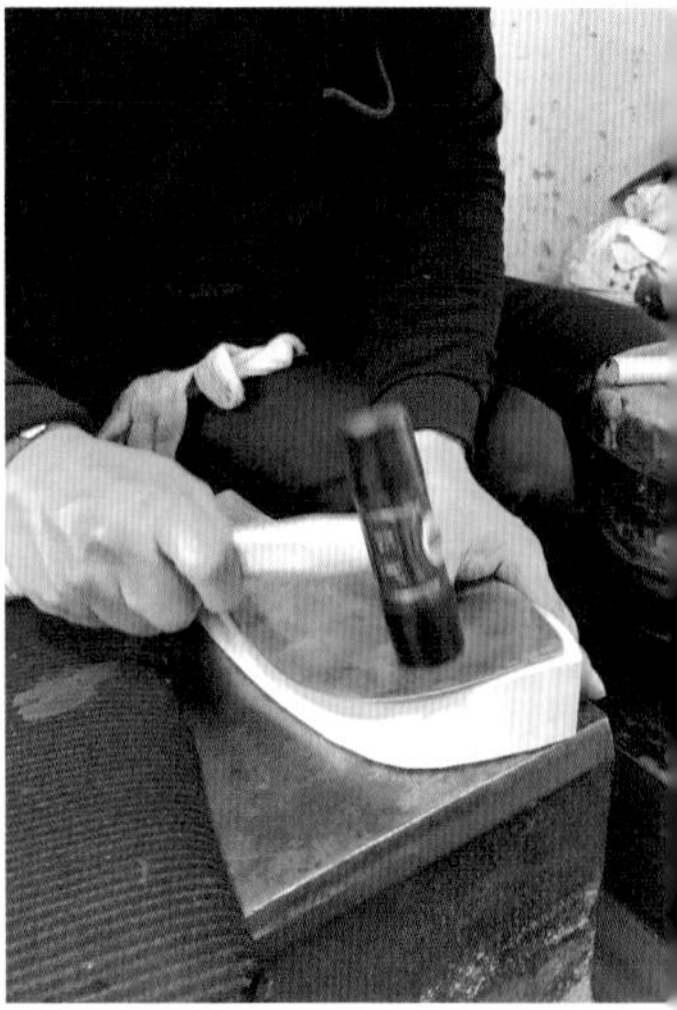

図9-14　3Dデータに基づいて制作した木製台による蓮弁の整形

図9-18　第一期完成品　屋外暴露の様子

図9-20　完成した頂部檫（新〈手前〉・旧）

図9-19　第7回臨時委員会の様子

図9-22　復元した銘文入り檫管（雨ざらし）

図9-21　銘文の彫金風景

煙を固定する取手が上下それぞれの擦管についているため、風圧などで上下の擦管に違う方向に回転力がかかり水煙の破損に影響を与えるのではないかという見解も強くありましたが、最終的には本来の姿を復元することを優先することになりました。ただ、上下の擦管の間に収まっていた鉄製の輪は、腐食の問題から銅製に変え、また上下のすり合わせ部分を荒らしてできるだけ回転をしないように摩擦力を上げる工夫は施しました。

こうして完成した部材すべてに対して、人工的に発色させた色を安定させるため、約二週間屋外にさらす工程を加えて、作業完了としました［図9-18］。この段階での成果品は、平成三〇年六月六日に、第十四回修理事業専門委員会と同時に開催された第七回臨時委員会において実地検分し、承認を得ました［図9-19］。

［第二期作業］

頂部擦、一番下の擦管、そして水煙四枚とその付属金具一式

第二期に新調復元したのは、相輪の最先端を飾る宝珠と竜車を支える頂部擦、銘文のある一番下の擦管、そして水煙四枚とその付属金具一式です。

第二期の作業の中で注目度が最も高いのは水煙ですが、他の部材、頂部擦や銘文入りの擦管の新調復元も簡単ではありませんでした。オリジナルの頂部擦は長尺であり、また変形が激しいことから範となる面でアウトラインを決定し、それをトレースしたラインで石膏挽き型用の金型を製作し、挽き型技法を用いて、軸を回転させながら石膏で原型を製作しました。そして水煙が収まるスリットは後から加工し、水煙完成後に微調整することになりました［図9-20］。

また、銘文のある一番下の擦管は、富山県総合デザインセンターにおける3Dデジタル計測に基づいて原型を制作しました。特に神経を使ったのが文字の再現でした。銘文は、拓本データから現物に合わせて寸法の狂いがないポジ原稿を作製し、鋳造後に仕上げた表面に、これを正確にシルクスクリーン印刷した上から彫金を行いました。彫金は、事前に一三〇〇年前の彫り方を研究し、オリジナルと同じ線を刻むために新たに制作した鏨を使って、現物の鏨彫の方向も意識した作業は数日に及びました［図9-21］。そして、最終的な色揚げ後、他の新調復元部材と同様、数日間屋外にさらして風合いを整えました［図9-22］。

さて、水煙四枚の鋳型原型の制作のための3Dデジタル計測データの解析は、東京藝術大学美術学部彫刻科で行いました。北郷悟氏と私の監修のもと、相輪新調復元に対して策定した四つの方針をしっかり確認したうえで、井田大介氏（東京藝大元教育研究助手）が３Ｄ立体モデルの制作に取り組みました［図9-23］。作業には、奈良県立橿原考古学研究所が取得した３Ｄデジタル計測データを用いましたが、水煙片面の全体の画像を構築するために何枚もの計測データ画像をコンピューター内で張り合わせているため、表・裏とも肉眼では確認しにくいデータの若干のズレが生じています。また、二次元的な平面表現としては整合性のよいデータとしても、もともとの水煙自体の歪みが大きいこともあり、表裏のデータを張り合わせたときに本来の水煙の厚みを維持した三次元立体に仕上げるための修正には思った以上に時間を要しました。特に、南面の水煙の歪みは大きかったのですが、この歪みを無理に修正せずに維持しつつ水煙全体の過不足のない整合性を達成するためにはかなり苦労をしました。最終的には、四枚の水煙を三次元立体に組み上げるところまでシミュレーションすることができました［図9-24］が、これは現状の歪みをそのまま遺存したからこそ成しえたことを再確認する作業でもあったわけです。さらに四枚それぞれの水煙には、亀裂やのちに何らかの用途で開けられた穴などが多数ありますが、これは本来の姿に戻すということを前提に最小限の修正として、データ上で穴を埋めることにしました［図9-25］。

仕上がった３Ｄ立体モデルによって制作したケミカルウッド製の原型［図9-26、9-27］から水煙四枚それぞれの鋳型を制作［図9-28］し、一一〇〇℃以上に熱した熔湯をその鋳型に注ぐ注湯式は、加藤朝胤執事長（現・管主）ら薬師寺関係者の読経と拍子木の響く厳粛な雰囲気の中で執り行われました［図9-29］。こうして四枚の水煙をはじめとするすべての鋳造が完了［図9-30］したわけですが、新調復元した部材が相輪としてしっかりと組み上げられるのか確認しなくてはいけません。そのために特別に作成した鉄骨組みの治具に吊り下げた水煙を、砲弾型擦管を土台にして組み上げ、その上から頂部擦を差し込み、さらに竜車と宝珠を被せる仮り組みを行いました［図9-31］。これだけでも一トンを超える大型鋳物との格闘でしたが、最終的に東西南北四枚の水煙の先端の軸の頭がしっかりと固定金具の輪の中に収まったとき、水煙の個々の歪みはこれを達成するために古代工人が行った微調整の証しであったことがわかりました［図9-32、9-33］。

入念な色揚げ後［図9-34］、ミリ単位にまで及ぶ厳格な最終的なチェックを経て、風雨にさらして色味の調整を行った［図9-35］相輪の新調復元部材が、薬師寺に届けられたのは、平成三一年一月二九日のことでした。そして、二月七日の第十五回修理事業専門委員会と第八回臨時委員会の合同会議において最終的な検証が行われ、二月八日に

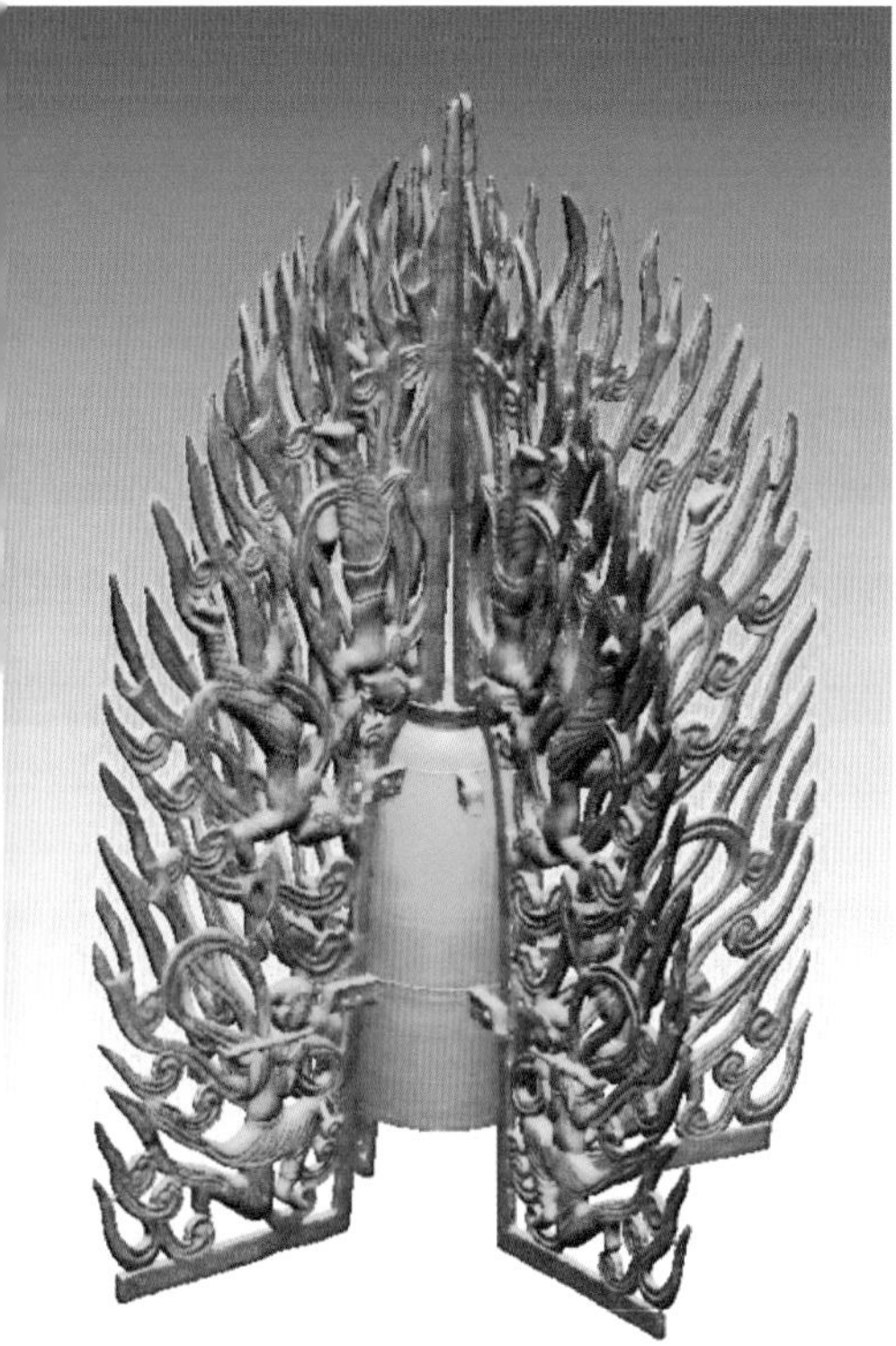

図9-24　一体化した水煙　3Dデジタルイメージ

図9-23　水煙3Dデータ解析風景（東京藝大にて、左：井田氏、中央：筆者、右：北郷氏）

図9-25-2　3Dデジタルイメージ　修正後

図9-25-1　3Dデジタルイメージ　修正前（○印が穴、△印が亀裂）

図9-24、9-25-1、9-25-2は奈良県文化財保存事務所提供

図9-26　鋳型原型の検分

図9-27　鋳型原型

図9-28　完成した鋳型

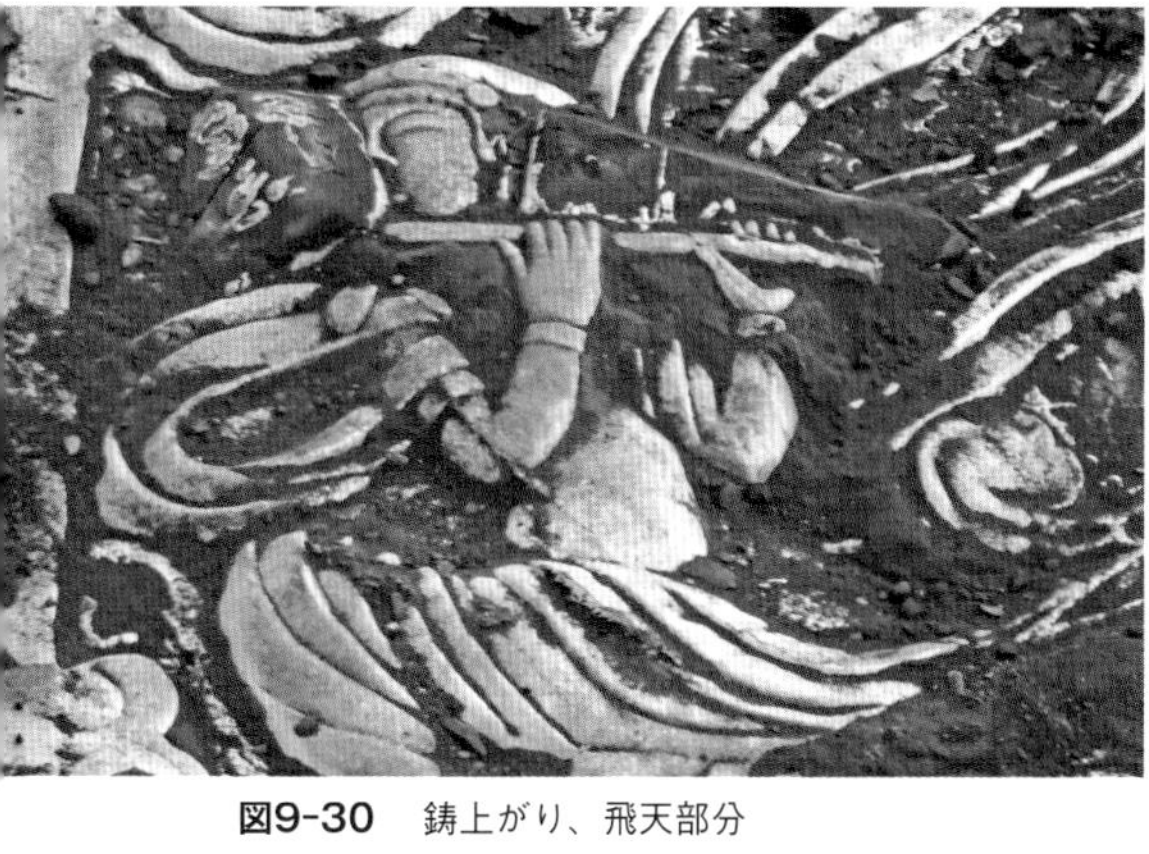

図9-30　鋳上がり、飛天部分

図9-29　水煙の注湯式

は新旧の相輪が白鳳伽藍内の特設会場に並べられて、特別招待者に披露されました［図9-36］。そして、三月一九日、覆屋の中に読経が響く中、心柱の先端に収まった水煙を砲弾型檫管にしっかりと固定する最後の作業を完了することができました［図9-37］。まさに、国宝東塔の平成の大修理のクライマックスを無事に迎えることができたのです。

謎めく魅力の水煙

国宝薬師寺東塔の先端を飾る相輪の平成大修理に携わって、さまざまな思いが去来しますが、一三〇〇年もの昔にこれだけの大型重量物を制作し、高所でバランスよく収める古代工人の知恵と技術力には敬服するしかありません。重機の揃った現代の工場でも一筋縄ではいかない作業を当時の人たちはどうやって達成したのでしょうか。

そして、相輪全体を見ても、やはり九輪の上に位置する水煙の存在感は格別です。水煙は東西南北計四枚で構成され、それぞれの表裏計八面に透かし彫りが施されています。天空に向けて炎のごとく沸き立つ透かし彫りの中に三人の飛天が見事に溶け込んでいるわけです。すさまじい落下速度で天から一直線に地上に舞い降りてくる一番上の飛天、二番目の飛天は地上間際でくるりと身をひるがえして着地の体勢をとろうとする一瞬であり、下の飛天は何事もなかったように地上でゆったりと音楽を奏でる楽人と化します。炎のごとく舞い上がる水煙の上昇ベクトルと鉛直に落下する飛天の下降ベクトルが見事なバランスを取り、まるで無重力のカプセルを見る思いではありませんか。私は、この水煙の飛天を見ていると、法隆寺の玉虫厨子に描かれている捨身飼虎図の釈迦の姿を想起してしまうのです。すなわち、捨身飼虎図では、異時同図として過去、現在、未来の釈迦の姿を描いているとされていますが、水煙それぞれの面を飾る三人の飛天も同様で、じつは一人の飛天の過去、現在、未来の姿ではないかと思うのです。また、笛吹飛天の笛の持ち手からすると、東側の北面、西側の南面、南側の東面、北側の西面が正位置となります。平面的に隣り合う、たとえば東側南面と西側南面の像は、線対称となりますが、それぞれの水煙の表裏では鏡に映った像を示していることになります。これがまったく違和感なく、すべての面が同様に見えるのですから不思議なのです。

また、水煙四枚、表裏八面に計二四人の飛天がいて、皆同じように見えますが、じつは一人ずつ細かい点が異なります。面白いのは、西側の水煙の南面で笛を吹いている飛天の左手の指はどうやら鋳型に作り込むのをうっかり忘れたのでしょうか［図9-38］。また、東側北面の二番目の飛天の足の裏はたいへん写実的に表現されていますが、他の面では単に平面的な足裏があるだけです［図9-39、9-40］。まだまだ、挙げ出したらきりがありません。水煙は、このようにいくら見ていても見飽きない不思議な魅力に満ちているのです。

おわりに――国宝薬師寺東塔相輪の新調復元の意義

貴重な文化財を保存し、次の世代に伝えていくことは、文化財保護の要です。そのために、文化財を取り巻く保存環境を整え、定期的な点検と必要に応じた修理が昔から行われてきました。そして、最近さらに文化財の活用を促すことが加わってきました。これは、文化財の保存と継承の重要性をしっかりと理解したうえで、より広く文化財の価値を知ってもらう取り組みとして意義があります。しかし、脆弱な文化財などの公開には慎重を要するため、複製の有効活用が議論されるようになってきました。このような動きの中で、国宝薬師寺東塔の解体修理に際し、本物の身代わりとして塔の先端を飾ることになった水煙を含む相輪の一部の新調復元は、文化財の活用という観点から見ても、一つのモデルケースになるのではないでしょうか。単に形と表面の色を復元するだけではなく、制作当初の材質によってもたらされる質感を重んじ、そして一三〇〇年を経た現在の風合いを自然に引き出すことに努めました。これは、私がいう「時代の質感」（村上隆、二〇一七）を大事にした復元の達成された姿といえるでしょう。

［注］

（1）高周波誘導結合プラズマ（ＩＣＰ：Inductively Coupled Plasma）を光源とした発光分析法。ＩＣＰによってサンプルを原子化・熱励起し、これが基底状態に戻る際の発光スペクトルから元素の同定・定量を行う方法。極微量元素から高濃度分析まで、幅広い分析評価に対応する。

（2）ＩＣＰによってイオン化された原子を質量分析計に導入し、元素の同定・定量を行う方法。高感度・多元素同時分析が可能。

（3）太陽の一〇〇億倍もの明るさに達する「放射光」という光を使って、物質の原子・分子レベルでの形や機能を調べることができる研究施設。兵庫県の西部、播磨科学公園都市にある。

［参考文献］

奈良県教育委員会文化財保存課『薬師寺東塔及び南門修理工事報告書』一九五六
江本義理『文化財をまもる』アグネ技術センター、一九九三
村上隆『金工技術』日本の美術四四三、至文堂、二〇〇三
村上隆『金・銀・銅の日本史』岩波新書、二〇〇七
村上隆「「時代の質感」を探る――「ものづくり」の視座」（「質感のつどい　第3回公開フォーラム」基調講演〈二〇一七年一一月三日、於大阪大学〉、新学術領域研究「多元質感知」）

（この章の写真・図版、断りのないものはすべて筆者提供）

図9-33　水煙上部固定輪

図9-32　水煙上部固定輪の確認

図9-31　宝珠・竜車・頂部擦と水煙の色揚げ前の収まり確認

図9-35　水煙の数日間の暴露風景

図9-34　水煙の色揚げ風景

図9-36　特別公開（平成31年2月8日）における講演風景（右：白鳳の相輪、中央：筆者、左：平成の相輪）

図9-37　水煙の最終取り付け作業

図9-38　左手の指がない笛吹飛天（西側南面）

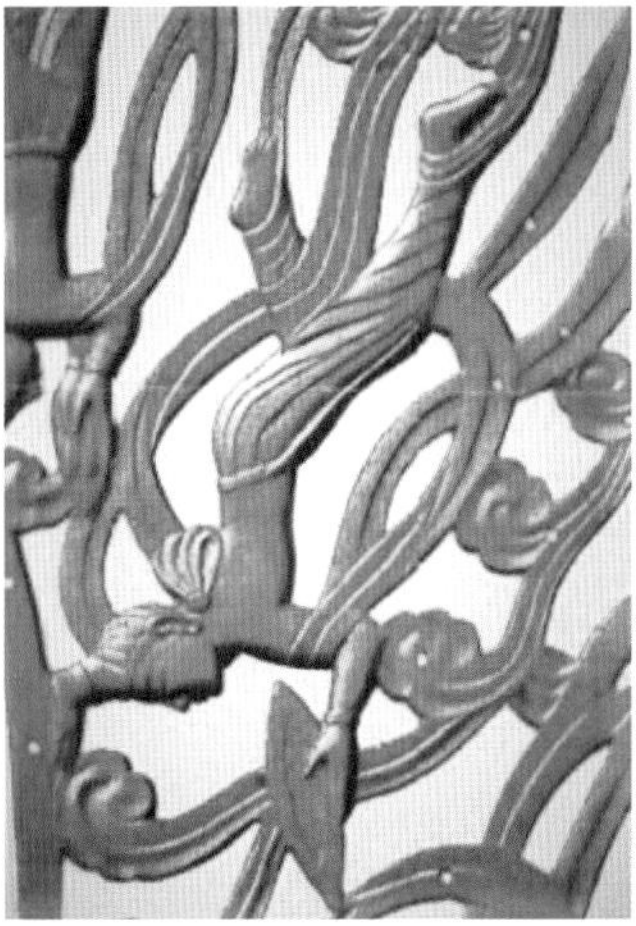

図9-40　平面的な足の裏（東側南面）

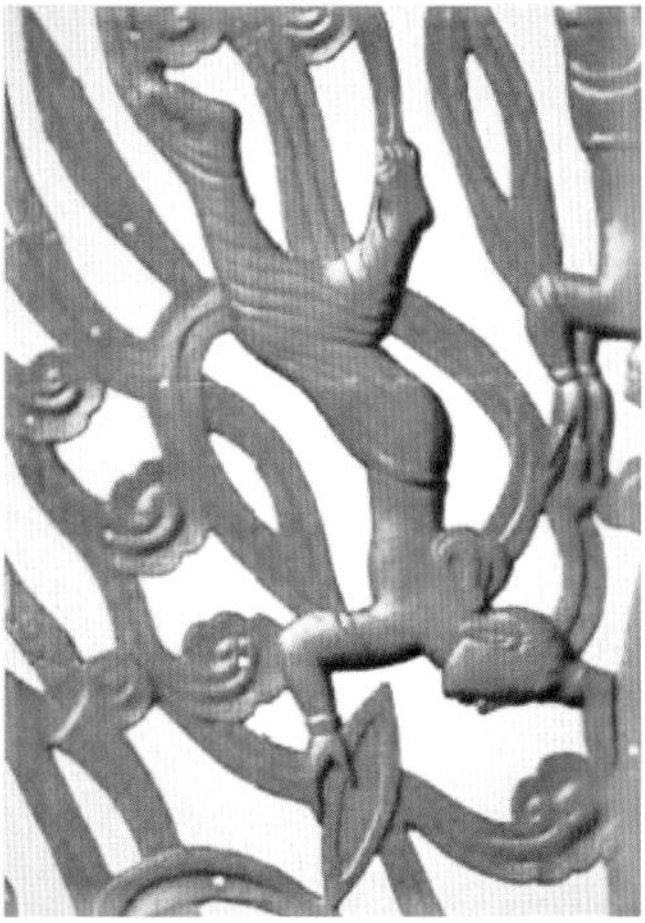

図9-39　ふくよかな足の裏（東側北面）

［コラム・インタビュー］

薬師寺東塔修理に寄せる期待

河村隆一さん（ミュージシャン）

（聞き手・宮崎亮）

河村隆一さん（平成31年３月９日、撮影・篠田英美、朝日新聞社）

平成三一（二〇一九）年一月にがんを公表した、ミュージシャンの河村隆一さん。薬師寺について、宗教について、そして人生について、語っていただきました。

——薬師寺との縁はどのように始まったのですか。

平成一九年、薬師寺の講堂の前にステージを組んでコンサートをさせていただいたのが最初です。僕を含めた何人かのアーティストが出たんです。あと食堂《じきどう》（僧侶の食事や儀礼の場。二九年に再建された）が完成したときにも、食堂でマイクを使わないコンサートをさせていただきました。

薬師寺は「お薬師さん」といわれていて、三蔵法師とのゆかりの話や、天皇が皇后の病が治ることを祈って建てたという話がありますが、基本はお坊様がすごい勉強をし、修行をされている場所ですよね。ここで歌うには、高い意識をもっていかないと負けるなと。もちろん一三〇〇年という歴史がここにありますし、もともと奈良は都だったわけですし、その中心部である薬師寺で歌うということで、緊張も意気込みもすごかったですね。

――ほかのコンサート会場とは、やはり違う印象でしたか。

僕は歌を通して自分の人生を見つめて、あそこが足りない、ここができるようになった、と一喜一憂しながら、人生、旅をしているようなところがあります。

一方で、お坊様たちは人びとの痛みを拭い去る経典をすごく勉強し、修行されている。僕らみたいな一般庶民とお坊様って、次元は違っても、何かが通じていると思うんですよね。

そして、薬師寺の空気の張り詰めた感じ、優しい感じ。一つひとつの建物に入った瞬間にガラッと景色というか、空気が変わるのを感じました。音楽というものを頼りに自分の人生を照らしてきた僕にも、ここで何かが見えてくるんじゃないかなと思いました。

――プライベートでも薬師寺には。

関西方面に行って、少しゆっくりする時間があれば、ちょっと奈良に行ってみようかと。家族と行ったり、スタッフと行ったり。そして当然奈良に行ってみようかとなったら、薬師寺は外せないスポットです。

すごいところで、当然、国宝級のものだらけなわけじゃないですか。世界遺産だし。だけどどこかで垣根が低いというか、「おかえり」っていってくれそうな匂いがする。そういう意味では心を柔らかくしてくれるような場所でもありますね、自分にとっては。

――過去の雑誌のインタビューで印象的だった話があります。小学生のときにご両親が離婚されて、そのときから「何のために生まれてきたのかがわからない」とずっと思っていると。そのころから「何をしたら幸せか」「何をしたら生まれてきたことに感謝できるか」ということをずっと考えていたそうですね。

僕のテーマですね。自分が天から授かったものは、歌の世界なんだということを、もうさすがに確信はしています。ただ確信しているからといって、安心しているばかりではいられない。どこまで極めていけるのかなあというようなことは、いまでも考えます。

生まれてきた理由だとか、「死ぬまでに必ず成し遂げないといけないことはこれです」っていう神様からのお題みたいなものが見えなくても、これをやっているときに自分の人生がしっかり充実しているんだ、幸せなんだ、満たされているんだっていう時間をできるだけ過ごす。そういう時間を過ごすところに自分をもっていくっていうんですかね。そういうことを、両親の離別をきっかけに考えさせられたのは、事実でしたよね。

――仏教や、もっと広く宗教というものには、もともと関心があったのですか。

そうですね。ヨーロッパに行ったらキリスト教の教会には必ず足を運びます。

建築物を見るのもすごく好きです。カンボジアに行ったときはアンコールワットの遺跡群に行きました。各時代によって寺院の様式も違って、そういうのを見るのも非常に好きですね。

日本にも神社、お寺、いっぱいありますよね。こんなすごい場所に、重機もない時代に、人の手でこれだけのものを造ったんだなって思うことがあります。

今回、薬師寺の東塔もすばらしいものができあがるんでしょうね。人びとの信じる気持ちとか、献身っていうと固いかもしれないけど、お金も労力もすごいじゃないですか。写経をしながらとか、いろんな形でアイデアをこらしながら、現存させ、修復していく。

東塔って、アクロバティックというか、どうやって建てたんでしょうねっていうぐらい、すごいですよね。高い塔だけに、本当に当時は、足場作りから何から大変だったでしょう。一歩間違えばもう大惨事、大きなけがもしますしね。命がけの仕事だったんじゃないですかね。

子や孫、もっと未来まで残そうとしているシン

河村隆一さん（平成31年３月９日、撮影・篠田英美、朝日新聞社）

昭和四五（一九七〇）年生まれ。神奈川県出身。ロックバンド「ＬＵＮＡ　ＳＥＡ」のボーカリスト。平成九（一九九七）年にソロデビューし、俳優や小説家としても活動する。

ボルって何なんだろうって、すごく興味があります。

――東塔はかなりできあがってきていて、令和二（二〇二〇）年には完成します。これからの薬師寺に期待することは何でしょうか。

神社仏閣、その他の宗教の聖地には、堅苦しさみたいなものもいっぱいあると思うんですよ。当然そこで切磋《せっさ》琢磨《たくま》して修行していますからそういう部分もあるんでしょう。

でも薬師寺には、心を柔らかくほぐしてくださるお坊様がたくさんいます。これからも、開かれてて、砕かれてて、人の気持ちをほんとにほっとさせてくれるような場所として存在し続けてほしいなと思います。

（平成三一年三月二五日朝日新聞デジタルより）

薬師寺年表

西暦	和暦	薬師寺の出来事
六八〇年	天武九	天武天皇、皇后（後の持統天皇）の病気平癒を祈願して、薬師寺建立を発願する。
六八六年	朱鳥元	天武天皇崩御。皇后であった鸕野讃良皇女が持統天皇として即位する。
六八八年	持統二	無遮大会を薬師寺に設ける。
六九七年	持統一一	開眼供養を行う。六九八年（文武二）造寺の構作がほぼ終わる。
奈良時代		
七一〇年	和銅三	都を平城京へ移す。
七一八年	養老二	薬師寺を平城京六条二坊に移す。
七一九年	養老三	造薬師寺司に史生二人を置く。
七二二年	養老六	僧綱を薬師寺に止住させる。天武天皇のために弥勒像を、持統天皇のために釈迦像を作る。
七一七年〜七二四年	養老年間	吉備内親王が元明天皇のために東院を建てる。
七三〇年	天平二	東塔を建てる。
〜七四〇年	〜天平一二	行基を薬師寺の師位僧（五位以上の官人と同等の上級官僧）として認める方針をとる。
七四三年	天平一五	聖武天皇、大仏建立を発願する。
七四七年	天平一九	資財帳を勘録する。
七四九年	天平感宝元	行基、聖武天皇に菩薩戒を授ける。その後遷化。
七五二年	天平勝宝四	東大寺、大仏開眼供養が行われる。
七五三年	天平勝宝五	絵師・越田安万らが黄文本実将来本を写して仏足石を刻む。
平安時代		
七九四年	延暦一三	都を平安京へ移す。
八八九年〜八九八年	寛平年間	八幡神を勧請する。
九七三年	天禄四	食殿（十字廊）から出火して食堂・講堂・三面僧坊・回廊・経蔵・鐘楼・中門・南大門等を焼失する。
九八六年	寛和二	中門を造立する。
九八九年	永祚元	台風により金堂の上層が倒壊する。
九九九年	長保元	食堂の復興を開始する。
一〇〇五年	寛弘二	食堂の造営が終了する。
一〇〇六年	寛弘三	南大門を立柱し、中門の二天像を造立する。
一〇〇九年	寛弘六	十字廊を造立する。
一〇一三年	長和二	南大門の造営を終える。
一〇九五年	嘉保二	本薬師寺跡より仏舎利を掘り出す。
一一四〇年	保延六	大江親通が南都七大寺を巡礼し、薬師寺に詣でる。
鎌倉時代・室町時代		
一二八五年	弘安八	東院堂を再興する。（鎌倉時代）

一三六一年	正平一六／康安元	地震により金堂・東西両塔破損。中門・回廊・西院等が倒壊する。
一四四五年	文安二	台風により金堂・南大門が倒壊する。仮金堂上棟する。
一五一二年	永正九	南門（旧・西院西門）を建てる。
一五二四年	大永四	金堂・東西両塔の再興修造の勧進状を作成する。
一五二八年	享禄元	金堂・講堂・中門・西塔・僧坊等が兵火で消失する。
江戸時代		
一六〇〇年	慶長五	仮金堂を上棟し、葺瓦する。（昭和四七〈一九七二〉年に撤去）
一六〇三年	慶長八	八幡宮を再興造営する。
一六四四年	寛永二一	東塔を修復する。
一六五〇年	慶安三	西院の西門を移築して南門とする。
一七三三年	享保一八	東院堂の基壇を嵩上げし、西向に建てかえる。
一八五二年	嘉永五	仮講堂が落成する。（平成七〈一九九五〉年に撤去）
明治		
一八七三年	明治六	このころ、薬師寺宗派独立運動起こる。
一八八〇年	明治一三	フェロノサ、初めて薬師寺仏像の調査。
一八八六年	明治一九	六月二三日、薬師寺法相宗に加入。
一九〇〇年	明治三三	五月、東塔修理完成。この時心柱頂部に新たに仏舎利を奉納。
昭和		
一九三四年	昭和九	西塔跡に移された文殊堂撤去、西塔跡発掘調査。鐘楼台風により倒壊。
一九三七年	昭和一二	鐘楼を金堂の東に移建。
一九四四年	昭和一九	一二月八日、地震のため仮金堂、仮講堂、東塔傾斜、東大門、北大門倒壊、塔頭地蔵院大破す。
一九四五年	昭和二〇	農地開放により寺領五町余反を小作者に譲渡。
一九六六年	昭和四一	一二月八日、収蔵庫を建立。
一九七一年	昭和四六	四月三日、金堂起工式。二二日より二週間。東京日本橋三越百貨店にて月光菩薩展を開催、金堂復興大勧進を行う。
一九七五年	昭和五〇	東京別院をお写経道場として開く。
一九七六年	昭和五一	四月一日～五月八日（三九日間）、現・金堂落慶。百万巻写経達成。三月一五日西僧坊六房復元。三月二一日梵鐘新鋳。
一九八一年	昭和五六	四月一日～五日、現・西塔落慶。二百万巻写経達成。三月一五日東僧坊復元。
一九八四年	昭和五九	一〇月八日、現・中門落慶。三百万巻写経達成。一〇月一一日、昭和天皇行幸。中門の初通りとなる。
一九八六年	昭和六一	一〇月より翌年にわたり、三越百貨店一四店舗にて天武天皇千三百年玉忌記念出開帳を開催。
平成		
一九九一年	平成三	三月二〇日～二五日、玄奘三蔵院伽藍落慶。五百万巻写経達成。四月二一日、中門二天王像開眼法要。
一九九六年	平成八	三月三〇日～四月五日、大講堂起工式。六百万巻写経達成。
二〇〇〇年	平成一二	大晦日に平山郁夫画伯により「大唐西城壁画」が玄奘三蔵院伽藍の壁画殿に献納される。七百万巻写経達成。
二〇〇三年	平成一五	三月二一日～二三日、現・大講堂落慶。大講堂にて約五〇〇年ぶりに最勝会も復興される。

（薬師寺ホームページより。https://yakushiji.or.jp/guide/history.html）

修正会

修正会に先立って年末に行われるお身拭い。金堂の薬師三尊などを拭き清める。花会式の直前にも同様のお清めが行われる（2015年12月29日撮影）

修二会（花会式）

花会式結願後の鬼追い式。金堂前でたいまつを持って暴れる鬼を退治する（2015年3月31日撮影）

薬師三尊を前に祈りをささげる時導師（2006年3月31日撮影）

玄奘三蔵会

5月4日、5日は玄奘三蔵会大祭に合わせ玄奘三蔵院伽藍で万燈供養会が行われる。灯籠がずらりと並ぶ（2014年5月4日撮影）

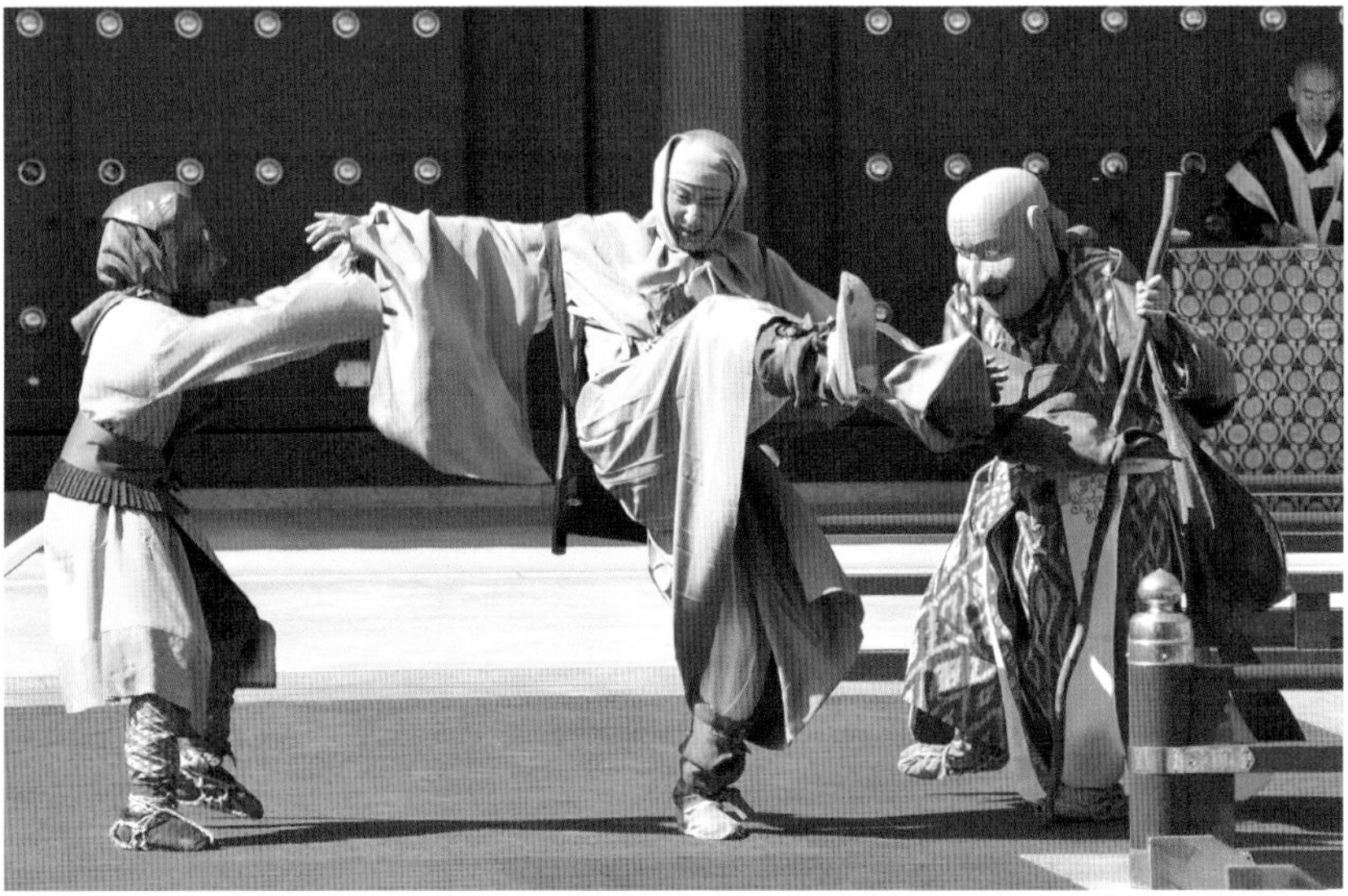

玄奘三蔵の旅をテーマにした伎楽が奉納される（2015年5月5日撮影）

慈恩会

竪義《りゅうぎ》の様子（2014年11月13日撮影）

薬師寺のおもな年中行事

修正会（1月1～15日）	金堂の本尊・薬師如来坐像の前に吉祥天女画像を掲げ、吉祥天女を本尊にして、世上の罪汚れを悔い、天下泰平や吉祥招福などを祈る法要。元日から三が日は国宝の吉祥天女画像が、4日からは近年制作された画像が掲げられます。これに先立つ12月29日には薬師三尊などを拭き清めるお身拭いがあり、仏像の魂を抜く儀式の後、若手僧侶らが像にはしごをかけるなどして近づき、お供えのお餅づくりに使ったお湯で浄布をしぼり、お清めをします。
修二会（花会式、3月25～31日）	旧暦2月の法会で、その時期に近い新暦の3月末に営まれます。薬師如来を本尊とする薬師悔過で、修正会と同じように罪汚れを反省し、万民豊楽などを祈ります。法要は1日6度あり、参籠する僧侶（練行衆）と参拝者がともに読経する「満堂悔過」が特徴。自然の染料で染めた和紙で作った10種類の造花を飾るのも目を引き、嘉承2（1107）年に病を得た堀河天皇の皇后が快癒後、薬師如来に捧げた造花が起源といわれます。「南無薬師如来」を意味する「ナムヤー」を叫ぶように唱える声明、真剣を両手に持った咒師という僧侶が堂内を回って魔を払う作法、最終日の法要後にたいまつを振るう鬼を退治する鬼追い式などもあります。
最勝会（4月第3日曜）	宮中から勅使を迎える盛大な法要でしたが、享禄元（1528）年の火災をきっかけに途絶えていました。平成15（2003）年に大講堂が復興したのを機に復元され、法要や経典についての論義などを、選ばれた僧侶が勅使役の前で披露します。僧侶たちの袈裟は、正倉院宝物などを参考にして復元された色鮮やかなものです。
玄奘三蔵会大祭（5月5日）	法相宗の始祖である玄奘三蔵をたたえ、玄奘三蔵院伽藍で大般若経を転読します。その後、玄奘のインドへの旅をモチーフにした伎楽（古代の仮面音楽劇）が演じられます。4日と5日の夕刻からは、伽藍周辺に灯明をともす万燈供養会も営まれます。
天武忌（10月8日）	薬師寺建立を発願した天武天皇の威徳をしのび、食堂に天武天皇、持統天皇、大津皇子の絵像を掲げ、法要を営みます。火渉り式を含む柴燈大護摩、食堂前に灯明をともす万燈会も。
慈恩会（11月13日＝興福寺と隔年開催）	法相宗の開祖、慈恩大師・基の学徳をしのぶ法要。論義を軸とする法要で、数年に一度、若手僧侶が塔頭住職の資格を目指して挑む「竪義」があります。挑戦する竪者は経典や教義の問答を古語で暗記するため、法要前の21日間、寺内の参籠所にこもって修行します。その間は夜も体を横にして寝ることを許されず、座って眠る「座睡」の毎日で、体力的にも厳しい行です。

青木　敬（あおき・たかし）
1975年東京都生まれ。國學院大學文学部教授。専門は日本考古学。2003年、國學院大學大学院文学研究科博士課程後期修了。博士（歴史学）。鎌倉市教育委員会技術吏員（学芸員）、奈良文化財研究所主任研究員などを経て現職。著書に『古墳築造の研究――墳丘からみた古墳の地域性』（六一書房、2003）、『土木技術の古代史』（吉川弘文館、2017）など。

米川裕治（よねかわ・ゆうじ）
1972年大阪府生まれ。奈良県立橿原考古学研究所指導研究員。専門は日本考古学。2000年東京大学大学院人文社会系研究科博士課程中途退学。共著論文に「唐招提寺金堂の発掘調査」（『佛教藝術』281、2005）、「西都原古墳群出土の家形埴輪」（『重要文化財　西都原古墳群出土　埴輪　子持家・船――東京国立博物館所蔵　重要考古資料学術調査報告書』、2005）など。

村上　隆（むらかみ・りゅう）
1953年京都府生まれ。歴史材料科学者。高岡市美術館館長・光産業創成大学院大学客員教授。石見銀山資料館名誉館長、国宝薬師寺東塔保存修理委員会委員など。専門は歴史材料科学、文化財学、博物館学。京都大学工学部、同大学院工学研究科修了。東京藝術大学大学院美術研究科修了。学術博士。奈良文化財研究所上席研究員、京都国立博物館学芸部長、京都美術工芸大学副学長を歴任。材料科学の見地で金属を中心に古代から現代に至る「ものづくり」の歴史を追及してきた。著書に『金・銀・銅の日本史』（岩波新書、2007）、『金工技術　日本の美術』（至文堂、2003）、監修・執筆に『色彩から歴史を読む』（ダイヤモンド社、1999）、『美を伝える』（京都新聞出版センター、2011）、共著に『現在知 日本とは何か』（ＮＨＫブックス、2014）など多数。第８回ロレアル国際賞「色の科学と芸術賞」金賞（2005）、第１回「石見銀山文化賞」（2008）受賞。

加藤朝胤（かとう・ちょういん）
1949年愛知県生まれ。法相宗大本山薬師寺管主。龍谷大学文学部特別講師、NHK文化センター講師、朝日カルチャーセンター講師、中日文化センター講師などを務めるほか、NHK『こころの時代』など、TV・ラジオでも活躍。各地で講演会や辻説法も開催。

鈴木嘉吉（すずき・かきち）
1928年東京都生まれ。奈良文化財研究所名誉所員。専門は日本建築史。1952年東京大学工学部建築学科卒業。工学博士（東京大学）。奈良国立文化財研究所建造物研究室長、同平城宮跡発掘調査部長、文化庁文化財保護部建造物課長、同文化財鑑査官、奈良国立文化財研究所長を歴任。著書に『古代寺院僧房の研究』(中央公論美術出版、2016)、『古代寺院建築の研究』(同、2017）など。日本建築学会大賞受賞。

星野安治（ほしの・やすはる）
1976年千葉県生まれ。国立文化財機構奈良文化財研究所年代学研究室長。専門は文化財科学、年輪年代学。2007年、京都大学大学院人間・環境学研究科博士後期課程修了。博士（人間・環境学）。日本学術振興会特別研究員PD（東北大学植物園）などを経て現職。共著論文に「東日本におけるブナ年輪幅暦年変動パターンの広域ネットワーク構築」(『考古学と自然科学』54、2006、日本文化財科学会第一回奨励論文賞受賞)、「年輪年代学的手法による木簡研究の可能性」(『木簡研究』40、2018）など。

池田藍子（いけだ・あいこ）
1987年大阪府生まれ。奈良県文化財保存事務所員。専門は文化財（絵画）記録保存。2011年、奈良教育大学大学院修了（教育学修士）。在学中の2010年から国宝薬師寺東塔彩色文様調査に携わる。2011年より現職。共著論文に「新出の建築部材（天井裏板）について――付白描図、及び復元図」(『鳳翔学叢』8、2012)、「奈良県重要文化財長福寺本堂――内陣天井長押見付彩色文様から推察される部材配置についての一考察」(『文建協通信』122、2015）など。

［協力・図版提供］
法相宗大本山薬師寺
奈良県文化財保存事務所
国立文化財機構奈良文化財研究所
朝日新聞社

よみがえる白鳳《はくほう》の美《び》
――国宝《こくほう》薬師寺《やくしじ》東塔《とうとう》解体《かいたい》大修理《だいしゅうり》全記録《ぜんきろく》

2021年２月28日　第１刷発行

著　者　加藤朝胤・鈴木嘉吉・星野安治・池田藍子
青木 敬・米川裕治・村上 隆

発行者　三宮博信

発行所　朝日新聞出版
〒104-8011　東京都中央区築地５-３-２
電話　03-5541-8832（編集）
03-5540-7793（販売）

印刷製本　図書印刷株式会社

Published in Japan by Asahi Shimbun Publications Inc.

ISBN978-4-02-258706-0
定価はカバーに表示してあります